股权融资整体解决方案

周晓垣　著

台海出版社

图书在版编目（CIP）数据

股权融资整体解决方案 / 周晓垣著 . -- 北京 : 台海出版社 , 2018.7

ISBN 978-7-5168-1943-2

Ⅰ . ①股… Ⅱ . ①周… Ⅲ . ①企业融资—研究 Ⅳ . ① F275.1

中国版本图书馆 CIP 数据核字 (2018) 第 125005 号

股权融资整体解决方案

著　　者：周晓垣

责任编辑：王　艳　　　　装帧设计：崔　欣

版式设计：苏洪涛　　　　责任印制：周莹莹

出版发行：台海出版社

地　　址：北京市东城区景山东街 20 号，邮政编码：100009

电　　话：010 – 84827588（发行，邮购）

传　　真：010 – 84045799（总编室）

网　　址：www.taimeng.org.cn/thcbs/default.htm

E–mail：thcbs@126.com

经　　销：全国各地新华书店

印　　刷：环球东方（北京）印务有限公司

本书如有破损、缺页、装订错误，请与本社联系调换

开　　本：710mm × 1000mm　1/16

字　　数：189 千字　　　　印　　张：17

版　　次：2018 年 7 月第 1 版　　　　印　　次：2018 年 7 月第 1 次印刷

书　　号：ISBN 978-7-5168-1943-2

定　　价：58.00 元

前 言

Preface

在现代社会，资本正以前所未有的驱动力，在市场竞争中发挥举足轻重的作用。企业可以通过资本运作迅速做大做强，这是创业者都明白的道理。

然而，并不是所有的创业者都具备为企业发展筹集资金的技能。融资是一门学问，是创业者取得成功必修的功课之一。

在所有的融资手段中，股权融资是一种投融资双方都乐于接受的融资方式。这是因为，对于企业来说，股权融资没有债务压力；而对于投资方来说，取得股权，是一种所有权的取得，所有权是企业最为根本的权利，投资方可以据此对企业产生足够的影响，并且获得相应的利润回报。

该书从股权融资的基本常识、常见方式谈起，详细地剖析了股权融资过程中可能遇到的问题，并且给出了相关的解决方案。

作为创业者，通过该书可以系统地学习股权融资的相关知识：在创业之初如何分配股权，才能避免在融资中陷入被动局面？公司打算上市，具体的运作程序是什么？商业计划书是融资成功的敲门砖，怎样写才能打动投资方？如何给企业正确估值，企业估值越高越好吗？怎样才能躲过融资过程中的陷阱？融资谈判有哪些方法和窍门？创业者如何才能掌握公司的控制权，避免落得被踢出局的悲惨下场？创业者在融资成功后，如何和投资人相处，以及融来的资金该怎么花？作者在书中都给出了中肯的建议。

对于投资者来说，将其持有的权益资本在市场上出售，从而收回投资并实现投资收益，是其进行股权投资的终极目标。该书详细地阐述了股权融资常见的退出方式，及其存在的优势和缺点，为不同的投资者提供了不同的退出建议和指引。

这是一本实用型的工具书，几乎囊括了股权融资过程中可能遇到的所有问题，同时也给出了相关的防范措施和解决办法。

作者在讲述中避免了干巴巴的说教，以生动有趣的文笔，运用理论知识和经典案例相结合的方式，为读者提供了专业的融资理论知识和实操指南。

读者通过阅读本书，在了解股权融资理论规则的基础上，也能通过马云、刘强东等大佬的融资经历，以及一些投资大咖的投资经验，掌握一定的融资技能和窍门。

目录

Contents

第一章 股权融资基本常识

第二章 股权融资的常见方式

第三章 如何做好股权架构

第四章

如何打造完美的商业计划书

第五章

如何对公司进行价值评估

第六章

融资谈判有窍门

第七章

躲开融资那些坑

第八章

能融钱，也要会花钱

第九章 创始人要保持对公司的控制权

第十章 创始人 VS 投资人

第十一章

制定合理的退出机制

第十二章

那些红遍融投圈的融资故事

第一章 股权融资基本常识

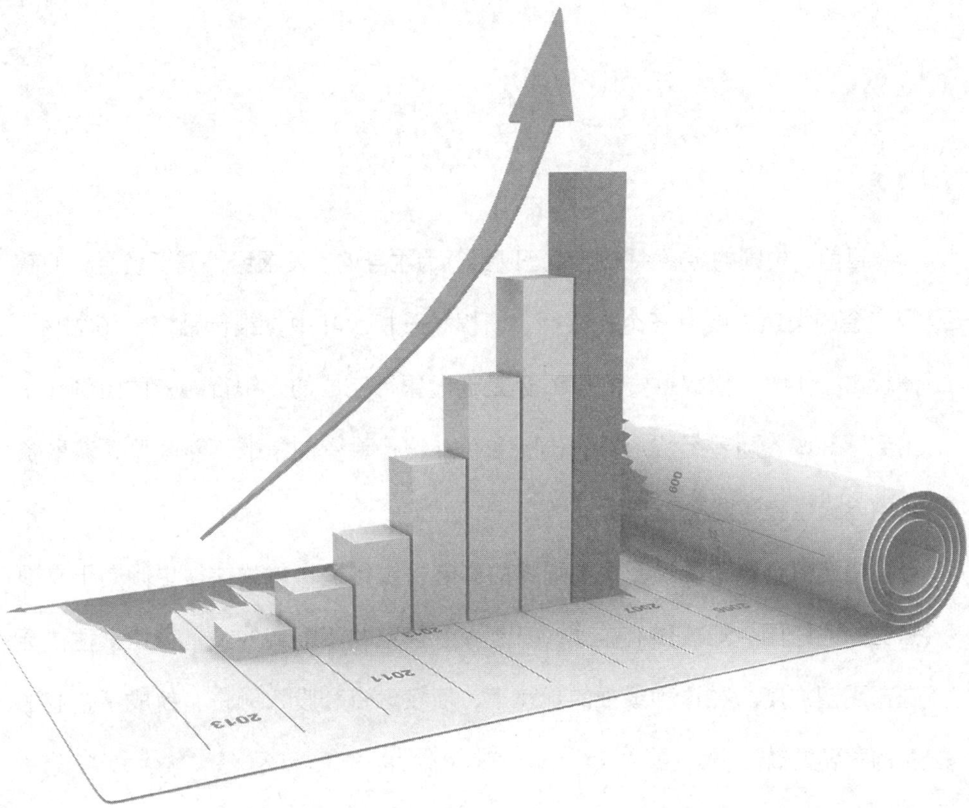

第一节　什么是股权融资

目前，中国的金融系统仍然是以银行为主导的。发展经济需要资金，而获取资金的渠道主要有三个：银行、债权和股权。其中，银行融资占了71%，债权占了14%，债权融资的60%还是通过银行完成的，银行融资的比例几乎占到了80%。随着经济形势的不断变化，银行融资的渠道不断收紧，获取资金的方式也势必要产生变化。

对民营企业来说，受经济形势的影响，银行提供贷款往往更倾向于有很强实力的跨国企业或国有企业，对于发展前景并不明朗的民营企业则往往会选择观望态度。在这种艰难的环境下，债权融资和股权融资，就成了企业融资的重要渠道。

债权融资，是指企业通过借钱进行融资。债权融资所获得的资金，企业要承担资金的利息，借款到期后，企业要向债权人偿还资金的本金。债权融资的特点，决定了其用途主要是解决企业营运资金短缺的问题，而不适用于资本项下的开支。

股权融资，是指企业的股东让出部分股权，通过企业增资的方式引进新股东的融资方式。股权融资所获得的资金，企业无须还本付息，但新股东要分享企业的赢利与增长。股权融资的特点决定了其用途的广泛性，既可以充实企业的营运资金，也可以用于企业的投资活动。

企业很难从银行借到钱，债权融资又有一定的局限性，股权融资就成了最好的融资途径。

我们可以举个简单的例子，阐述一下什么是股权融资。比如，甲和乙共同建立了一家公司，甲和乙的出资比例为 6∶4，此时公司股份结构为：甲持有 60% 的股份，乙持有 40% 的股份。

公司经过一年的发展，状况非常不错，甲和乙就想扩大公司规模。但是公司内部并没有足够的流动资金，甲乙也没有足够的资金投入，于是，他们就想找人为公司投资。

经过一段时间的寻找，他们找到了投资人丙先生，丙先生对甲乙的公司发展很感兴趣。经过评估，双方一致认为企业价值 100 万，丙先生愿意投资 20 万。这时公司的股份结构就变为：甲持有 48% 股份，乙持有 32% 的股份，丙持有 20% 的股份。

甲乙不需要偿还丙先生的 20 万本金，但是丙先生要和甲乙一起分享公司的利润，当然也要一起承担企业发展中的风险。

像这个案例中的初创公司，可以通过寻找投资人的方式进行股权融资。

而对一些比较成熟的发展中企业，则可以用上市的方法进行股权融资。

索菲亚公司就是一家通过上市融资实现迅速发展的企业。索菲亚成立于2003年，其定制衣柜及配套家具的经营模式，一出道就受到了市场的追捧。消费者可以根据自己的家居空间和个人爱好下订单，索菲亚按照订单要求进行设计生产，满足消费者的个性化需求。但随着企业的发展，订单越来越多，生产能力却受资金限制而迟迟无法提升，公司的发展也受到了严重限制。

为了扩大生产规模，索菲亚首先想到了向银行贷款。但是银行并不看好索菲亚的经营模式，索菲亚即使努力也不一定能获得贷款。更关键的是，像索菲亚这样的实体企业，一个投资规划周期都需要几年的时间，项目回款时间也比较长。即使能从银行拿到贷款，根据当时银行的规定，贷款需要一年一还，而这必然会对企业的财务产生巨大压力。面对这样的困境，索菲亚在经过论证后，决定以上市的方式进行融资。

经过一番准备后，索菲亚2011年4月在深交所挂牌上市，募集资金11.8亿元。公司上市前，就已经对融资用途做了详细的规划。为了保证每一分钱都发挥最大的作用，所有融资都投入到定制衣柜信息系统技术升级改造项目。

有了资金“解渴”，索菲亚的生产规模迅速扩张。2012年到2016年，索菲亚净资产收益率持续增生，分别达到12.23%、15.14%、18.2%、21.85%、22.44%。

索菲亚公司上市时对应股价是3.9元，2017年飙升到39元左右，股价6年涨了10倍。上市6年间，公司融到的资金全部用于实业发展，公司股价也凭借扎实的业绩获得稳步上涨。凭着资本的力量，索菲亚正以超过40%的增长速度，驰骋在行业最前端。

股权融资把社会资金与企业投资项目直接对接起来，更好地满足了企业资金需求，减轻实体经济的资金压力，为企业的长期资金需求提供了更好支持，资金成本也比较低。

然而，就是这样一种对企业和投资者都有利的融资方式，却是中国金融业的一大“短板”。在发达国家，直接融资占比都在 70% 以上，而我国只维持在 13.5% ~ 15.5% 之间。

提高直接融资比例是全球金融体系发展趋势，也符合我国供给侧结构性改革的要求，能够降低实体经济的成本。

2017 年 10 月，习近平总书记在十九大报告中指出，要深化金融体制改革，增强金融服务实体经济能力，提高直接融资比重，促进多层次资本市场健康发展。这意味着，中国的股权融资将会迎来一个前所未有的大好机会，各类企业都将在股权融资方式中迎来发展的良机。

第二节　股权融资利弊观

按照融资的渠道来划分，股权融资主要分为两大类：公开市场发售和私募发售。上市发行股票的门槛较高，只有成熟的大中型企业才具备上市的条件。对于一些中小型企业来说，以私募的方式进行股权融资更符合企业的实际情况。凡事都有正反面，股权融资对于企业的发展也有着利与弊两方面的影响。

一、发行股票对公司的影响

1. 发行股票对公司的好处

发行股票对于企业来说好处很多，具体包括：

企业不仅可以在上市时融得大额资金，上市后，还可以用企业的股票进行再融资，可以在很大程度上解决企业对资本的需求。

上市对公司的法人治理结构、信息披露制度等方面都有一系列明确的要求，为了达到这些要求，企业必须提高运作的透明度，提升企业的法人治理结构水平，使企业的运营逐步走向正规化。

上市能提升企业的知名度。公开发行与上市具有很强的品牌传播效应，公开上市会让企业得到更多的关注。上市公司运营受到监督，运作也更为透明，这让客户、供货商和银行也更有信心与企业合作。

上市公司对员工更有吸引力。上市企业对高素质的雇员具有吸引力，有利于公司招聘到精英人才。上市公司的股权激励计划，也会对员工产生激励作用。

增强公司的竞争优势。业绩优良的上市公司，其股价会保持在较高水平上，可以增强公司的发展潜力和发展后劲，帮助企业进入持续快速发展的通道。

2. 上市可能为公司带来的弊病

上市融资也有许多弊端，这些是企业必须要重视的：

上市的门槛很高。

上市时间跨度长，竞争激烈，不能及时满足公司的融资需求。

公司信息比较透明，可能会暴露商业秘密。

公司上市融资必须以出让部分产权作为代价，分散公司控制权，从而出让较高的利润收益。

二、私募股权融资对公司的影响

1. 私募股权融资对公司的好处

能为公司带来稳定的资金来源。和贷款融资相比，私募股权融资只增加所有者权益而不会增加债务，投资方不能随意从企业撤资。所以，私募股权融资不会给企业带来债务压力，这也就提高了企业的抗风险能力。通常情况下，私募股权融资不要求企业支付利息，因此不会对企业现金流造成负担。

能为公司带来高附加值的服务。私募股权投资者中，不乏资深企业家和投资专家，其专业知识、管理经验及广泛的商业网络，能帮助企业进入快速发展的通道。

能够降低财务成本。企业财务部门的一个重要职责，就是为企业设计最优的资本结构，从而降低财务成本。获得私募股权融资后的企业，会有更强的资产负债表和融资能力。

能帮助企业提高内在价值。企业进行股权融资，就有机会获得顶尖的私募股权基金，能够提高企业的可信度，更容易赢得客户。获得顶尖私募股权基金投资的企业，通常会更加有效率地运作，实现快速扩张。

2. 私募股权融资可能为公司带来的弊端

私募股权融资对公司的不利之处，表现在以下几个方面：

股价结构。企业出让部分股权后，原股东的股权被稀释，甚至丧失控股地位或者完全丧失股权。股东间关系也会发生一些变化，权利和义务重新调整。

管理权。企业股权结构发生了变化，管理权也随之发生变化。新股东会参与企业的经营管理，享有一定的管理权。

发展战略。企业管理权发生了变化，新的管理者的发展战略，很可能会背离创始者的初衷和设想。

收益方式。创始人更注重企业的长远发展，而投资者往往希望尽快获得投资回报，可能会改变企业发展战略以实现短期内的收益。

企业在私募股权融资时，选择投资人一定要谨慎。如果创始人与投资人在企业发展问题上出现意见分歧，就可能陷入无休止的内斗，阻碍企业的发展。

企业在股权融资过程中，要趋利避害扬长避短，充分发挥股权融资的积极作用，尽量减少其不良影响。

第三节　股权融资的五大误区

企业在股权融资的过程中，往往会陷入一些误区，在影响企业成功融资的同时，也会为企业的后续发展埋下隐患。

一、企业对投资方的期望值太高

企业希望通过融资，在获得资本的同时，还能获得各种产业资源。中国有很多的优秀投资者和投资机构，但更多的投资方都是财务投资者，很难为企业提供产业资源。投资方往往都急于收回成本和利益，在企业上市过了解禁期就开始准备退出。现实往往是残酷的，企业也不应对投资方持有太高的期望；只有借助投资方的资本，结合自身的努力，才能达到迅速发展的目的。

二、股权融资越多越好

融资并不是越多越好，一般情况下，企业在天使轮融资是百万级，A 轮融资是千万级，B 轮以后是亿级。上轮融到的资金，能支撑到下一个里程碑就可以了。如果一开始就争取大量融资，未来稀释股权的空间就比较小，不利于创始人控制公司；而且，过多的融资往往也意味着资金很难得到有效利用——出让了股权却不能有效利用融资，这对企业创始人来说显然不是好消息。

另外，如果企业上市申报前融资太多，会造成企业资产负债率过低，就很难解释募集资金的必要性，在发行审核时也会遭遇困难。

三、股权融资限制性条件多

有的创业者，在天使轮融资就签订对赌协议。进行天使轮融资时，企业的发展模式还不清晰，若是在这时就为企业加上各种约束条件，不仅会影响创始人开拓市场的规划和节奏，也会给企业发展留下隐患。

山东瀚霖是一家以石油副产品轻蜡油为原料，利用微生物发酵法从事长链二元酸系列产品及下游产品研发、生产及销售的生物高新技术企业。在成立之初，企业凭借自己领先的技术水平和中科院教授担任首席科学家的名号，很快就在市场上产生了巨大影响。山东瀚霖在融资计划书中宣称，2010 年，山东瀚霖就将建成世界最大的长链二元酸生产基地。

2010 年，山东瀚霖开始计划上市。第二年，他们以 2012 年上市为对赌标的，吸引了硅谷天堂、中兴合创等 27 家 PE（Private Equity，私募股权融资）

机构的 14.08 亿投资。山东瀚霖表示，如果企业不能在 2012 年上市成功，就会回购投资机构的股份。

可是 2012 年，山东瀚霖还是宣告上市失败，而公司的创立者根本无力偿还这 14.08 亿的融资。2014 年，山东瀚霖的股权被冻结，但投资机构的投资却已彻底无法追回。至此，27 家 PE 退出无望，14 亿打了水漂。

像山东瀚霖这样，冒险通过限制条件进行大规模融资，结果陷入双输局面的企业还有很多。因此，企业在融资过程中，绝不能为了大规模融资而将企业的前途命运作为赌注，否则一旦赌博失败，企业就将立刻陷入绝境，甚至可能在无休止的官司中最终走向破产。

四、一份商业计划书就可以融到资

很多企业融资时，都会安排专职人员制作商业计划书或融资计划书。商业计划书对融资的成功起着决定性的作用，这是毋庸置疑的。但是商业计划书一定要注意宣传的真实可信性，避免过于主观、夸大宣传、可信度较低、专业性不够等问题。否则，企业的信誉就可能受损，融资自然也不可能完成。

目前，随着中国金融产业的迅速发展，很多企业都开始尝试以融资的办法获取资金。但是，也不乏一些心怀叵测的“皮包公司”，只通过一纸商业计划书和无数夸大其词的吹嘘，就骗取了投资者信任的案例。这些案例，使得投资者们开始提高警惕，而这也提高了企业融资的难度。企业想要争取到融资，必须要做好各方面的准备，以事实说服投资者。

五、预期的企业估值就是投前估值

很多企业融资时，不能区分投前估值与投后估值，直到签协议时才明白其中的差异。比如企业估值 1.6 亿元，投资 4000 万元，如果企业在投资之前的估值是 1.6 亿元，那么考虑 4000 万投资款因素，投资时企业整体估值 2 亿元，4000 万占 20% 股权；如果 1.6 亿元是投资之后企业的价值，那么 4000 万股权占 25% 股权。两者之间的差异，就要看企业估值是否包含了 4000 万的融资。理论上，企业价值都是未来收益折现过来的。企业未来收益预测如果只考虑现有的资金实力，那就是投前估值；如果考虑了即将引入的融资，那就是投后估值。企业做盈利预测时，建议把即将引入的融资考虑进去。

创始人一定要认真学习资本运作知识，充分认知股权融资的精髓所在，只有走出股权融资的误区，才能决胜千里，让融资为企业插上腾飞的翅膀！

第四节　股权融资的风险和防范

俗话说“无利不起早”，创始人进行股权融资，是为了为企业筹集发展资本，投资方愿意为企业注资，是为了获取更大的利润。融投方只有在有利可图的情况下，交易才能顺利进行。然而，天下没有无风险的生意。股权融资也存在着一定的风险，主要表现在以下几个方面。

一、股权结构设置不当存在的风险

企业因为急于夸大规模，在引入投资人时，融到资金的心情过于迫切，往往会忽略股权转让的比例结构，导致股权比例被逐步稀释，最终使创始人逐步丧失控制权。控制权过于分散，会对企业的发展造成障碍。企业也更容易遭遇并购威胁，影响企业长期的持续经营。

防范措施：企业进行股权融资时，必须合理设置股权结构和董事会结构，进行安全的法律策划，防范法律风险，以防企业控制权旁落，甚至落入内耗的困境。

二、商业秘密泄露的法律风险

企业在股权融资时，必须将企业的经营状况、财务状况等相关情况提供给投资者，这就让企业的商业秘密存在着泄露的风险。

防范措施：和投资方初步接洽时，企业只提供计划书的摘要；制作商业计划书时，尽量不要泄露特别机密的信息和数据，只要把企业的产品和技术的优势表达清楚即可；企业的关键性商业秘密是一张王牌，不到关键时刻不要急于暴露出来；暗中打听了解投资方的职业操守情况，提前做好必要的防范措施；融资企业和投资方签署包括保密范围、保密义务对象范围等内容的保密协议。

三、机会风险

企业选择了股权融资的同时，就有可能会失去其他融资方式可能带来的机会。

防范措施：创始人与投资方签订业绩保证协议之前，要正确认识到该协议的对赌性，即企业业绩达到一定条件时，融资方行使一种权利，企业业绩未达到一定条件时，投资方行使一种权利。创始人不能只考虑赢得筹码时所获得的利益，更应该考虑输掉筹码时是否有承受风险的能力。

四、经营风险

创始人在公司战略、经营管理方式等方面与投资方产生重大分歧，导致企业经营决策困难。这种风险主要体现在以董事会为治理核心的法人治理机构中，而且投资方要求公司保证其在公司董事会中占有一定席位。

防范措施：在以董事会为核心的法人治理结构中，创始人首先一定要保证自己的人员安排能代表自己的利益，并让自己安排的人员能服从自己的利益安排。创始人在公司章程或投资协议中，对董事会的授权情况、行使权利的期限等条款，都应该有详细而明确的规定。

融资有风险，操作需谨慎。在股权融资的过程中，创始人必须规避风险做好防范，避免使自己和企业陷入被动的局面。

第五节　股权融资协议核心条款

股权融资是一项复杂的交易，要涉及投资方的投资额、股份转让、投融资双方权利义务等事项，融资交易文件动辄几十页甚至上百页。其实文件再长，双方最为关注的，还是那些在融资意向书中提及的条款。对于创始人而言，重要的是抓住核心原则和条款。

一、先决条件条款

在签署投资协议时，投资方及创始人可能还存在一些未落实的事项，或者可能发生变化的因素。本着对创投双方利益负责的原则，投资人需要创始人达成某些条件从而证明自身符合资质。投资方会在投资协议中要求创始人需要落实相关事项或对可变因素进行一定的控制，构成实施投资的先决条件。

先决条件条款中，可能会出现三种对创始人明显不利的规定。

1. 规定“尽职调查经投资人合理满意”

尽职调查就是投资人对创始人各方面资质进行的审查，包含盈利模式、股权结构、优势和目标分析等。但是，如果不规定截止期限，调查就可能要经过一个漫长的过程。如果在耗费了大量的时间后，投资人却放弃注资，企业不仅会浪费大量精力，还可能泄露一些机密消息。因此，合理的表述应该是：“尽职调查须在两个月内完成，若在期限内仍未结束调查，且投资人仍未放弃该等条件，则任何一方有权结束本协议。”

2. 规定“投资决议须经投资决策委员会同意”

其实早在签订协议的时候，投资决策委员会就已经通过了。如果加入这个重复性的条件，就意味着进一步拖延时间。所以，先决条件中不应该出现类似的表述。

3. 规定“创始人须先进行工商变更”

进行一次工商变更操作，即使一切顺利也需要20天左右才能完成，如果有突发性特殊事件，还需要更长的时间。因此，如果接受该项规定，创始人就会付出高昂的时间成本。所以正确的表述应该是：“投资人款项到位与创始人进行工商变更同步进行。”

为了缩短融资的时间，先决条件中能完成的事项，创始人应该尽早准备。对于一些耗时过长的事项，创始人应该和投资方协商，争取改成交割后事项。

二、员工期权

很多创始人认为，所谓期权，就是员工对公司的参股，是创业公司一种常见的激励机制，期权比例越高意味着员工的积极性越高。然而，在早期融资中，投资人可能会要求创始人单独预留期权，因此期权比例高了，创始人的股权比例就低了。通常情况下，投资人认为创业公司能力有限，才会提出多留一些期权激励员工的要求。因此，期权的比例是创始人需要密切关注的部分。

有些条款会表述为："经各方同意，在本次增资完成后，创始人所持有的 20% 到 25% 公司股权系为未来实施公司员工持股计划预留股权。"

该项规定中，期权比例不合理，先期预留的期权比例越高，再融资时预留期权的可能性就会越小。这就意味着，创始人通过说服下一轮投资人和自己一起预留期权而防止自身股权过分让渡的概率也就更小，股权被稀释乃至失去控制权的风险也就越大。

所以，关于期权比例正确的表述应该是："创始人所持有的 10% 到 15% 公司股权系为未来实施公司员工持股计划预留股权。"这个期权比例只是一个参考值，融资过程中，最终期权比例的确定和 CEO 以及公司的实力直接相关。

三、清算优先权

清算或并购的原则一般为：后轮投资人优先于前轮投资人，投资人股东优先于非投资人股东。常见的优先清算类型是，投资人取得优先分配金额之后，继续参与剩余财产分配。

关于此项条款，创始人需要关注投资人的清算优先额倍数。

有些条款会规定为："公司因任何原因导致清算、解散或结束营业，在公司资产支付完各类清算费用后，甲方有权优先获得一次分配，分配额为价值不低于其投资款等额资产的200%。"这样的倍数，不仅对创始人不利，对其他股东的权益也有损害。

比较友好的表述方法是："公司因任何原因导致清算、解散或结束营业，在公司资产支付完各类清算费用后，甲方有权优先获得100%的投资额+按股权比例获得分配财产；如果投资人的投资回报达到一定倍数（一般约定为2倍），只能选择2倍或按股权比例获得分配的资产这两者中数值较高者。"

在有些条款中，投资人可能会进一步约定："投资者不能获得全部的优先清算额的，创始人同意就投资人优先清算额和投资人在清算中所实际获得的分配额的差额对投资者进行补偿。"这样的约定看似合理，实际上却存在着要求创始人以个人财产承担责任，甚至导致创始人倾家荡产的可能。因此，条款可以这样表述："当清算事件发生时，投资人获得优先清算额以公司可分配的清算财产为限。"或者"创始人向投资人补偿时以其清算时实际获得的清算财产为限。"

四、回购条款

股权回购条款，指投资人与创始人或者创业公司约定，其有权在特定条件下要求回购其股权的条款。投资人之所以在协议中设定股权回购条款，就是为了在未达到预期收益或者其他情况下保留退出渠道。

关于此条款，创始人需关注回购股权的价格。

有些条款规定："在创始人违规或公司不能在规定时间内完成约定目标时，投资人要求公司/创始人按15%到20%的年化复利回购公司股权。""15%到20%的年化复利"这一要求，在某些基数较大的情况下，可能会产生一个让创始人难以承受的数字。因此，表述应该这样修改："在创始人违规或公司不能在规定时间内完成约定目标时，投资人要求公司/创始人按投资额+8%至15%的年化单利回购公司股权。"

值得注意的是，即使按照第二种表述中的算法，如果公司无法承担回购责任，或者投资人直接要求创始人承担回购责任，创始人就具有使用个人资产来实现投资人收益的风险。所以，建议同时约定："创始人承担回购责任以其届时持有的公司股权按照市场公允价格处置所得为上限。"

五、领售权

关于领售权，通俗理解就是，如果公司无法经营下去了、严重不守规矩或者有人要高价收购公司，投资人就可以强制创始人股东随他一起出卖股份。在这里，股份价格显然是最重要的问题。

领售权也是投资人规避风险的一种方式，有些条款会规定为："在公司经营发生严重困难、严重违规或出现'整体出售'事件的情况下，投资方有权向第三方出售其持有的公司全部或部分股权，并要求原有股东以同等条件共同出售持有的全部或部分股权的权利。"

不过，这样的条款也存在着投资人单方面武断盲目决策，导致企业利益受损的情况发生；特别是在企业经营发生严重困难，投资人与创始人产生严重分歧的情况下，投资人为求自保，往往忽视企业的利益盲目出手。谨慎起见，在企业存亡之际，应该允许创始人参与决策，为企业争取利益。

比较友好的表述方法是："企业转让估值 / 出售价格的具体数额，应由创投双方协商，领售权的最终决议，也应当经过半数以上管理层股东的同意。"

除了以上所述的核心条款，股权融资协议还会涉及优先分红、排他期、董事会席位等条款。创始人面对相关法律文件时，应该诉诸可靠的专业律师，确保能争取合法权益最大化。

第二章 股权融资的常见方式

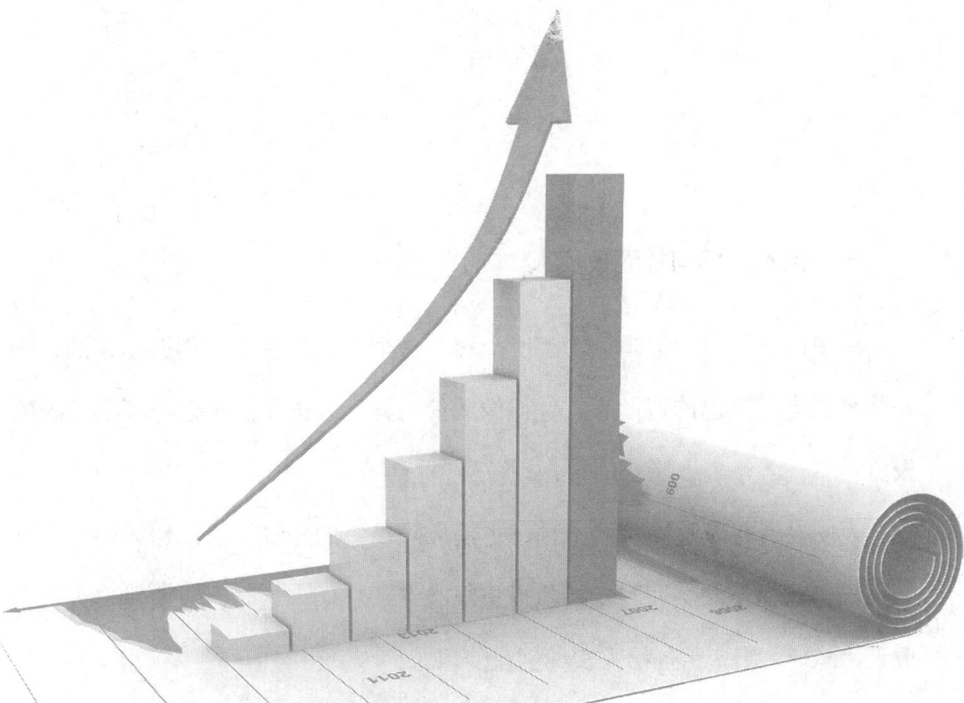

第一节　天使投资

一、创始人如何找到投资人

天使投资起源于美国，“天使投资”这个词是由百老汇创造出来的，用来形容百老汇演出的资助者，他们像天使一样，为创作演出进行了高风险的投资。

天使投资是风险投资的一种，也是风险投资的先锋。当创始人的企业梦想还只停留在想法层面时，风险投资很难眷顾它们。这时，天使投资人就会像天使一样，出资帮创始人实现创业梦想。

投资专家有个形象的比喻，创始人如果是个学生，风险投资着眼大学生，机构投资对中学生有好感，天使投资则钟情培育小学生。

一般情况下，天使投资是小型的个人投资行为，对被投资项目的考察和判断程序相对简单，时效性更强。此外，因为创始人尝试和探索所需的资金量一般不是太多，个人投资者出得起，而且项目越早风险越大，所以天使投资的金额一般也较小，一般都在500万（人民币）以下。

那么，创始人怎样才能找到自己的“天使”呢？一般情况下，可以通过以下两种方式。

1. 等投资人主动上门

（1）主动利用互联网媒体报道。很多天使投资人都有看新闻的习惯，如果创始人能让自己的项目出现在特定的新闻上，只要项目有前景，就会获得“天使”的青睐。

（2）将自己的产品推到免费的推广渠道，可以帮助自己吸引种子用户，同时也能吸引投资人的注意。

（3）直接将自己的项目推到融资平台进行融资。

（4）入驻孵化器或者联合办公场地，借助孵化器或者联合办公场地的资源，接触到投资人。

2. 主动找投资人

（1）通过人脉引荐。人脉，是当前社会走向成功的重要资本。对投资人来说，通过人脉介绍而来的投资项目，背后也隐含着介绍人的信用背书。

（2）直接向投资人或机构表达意向。这一方式最为直接，但效率也相对较低，因为越是知名的投资机构，每天收到的商业计划书也就越多。比如著名的投资机构经纬创投，每年他们都会收到几万封商业计划书，而他们一年至多也就投六十几家企业——如果不选择性地直接放弃，他们就根本没有工作的时间了。今日资本的创始人徐新也曾表示：她只会给上门拜访的创业者五分钟，如果听不到自己想要的东西，就不会再谈下去。

（3）参加创投活动或者路演，然后想办法拿到主讲投资人的联系方式。

对于大部分创始人来说，他们都缺乏足够的实力吸引那些有着丰富经验的投资人。所以，想要争取到与投资人面谈的机会，创始人必须投入十二分的耐心和努力，才有可能得到只是几分钟的短暂时间。如果投资人同意和创始人面聊，代表创始人有机会进入下一步。无论成功与否，创始人都能在投资人那里获得许多信息，以改进商业模式和产品的思路。

创始人联系上投资人，仅仅是万里长征的第一步。但是，这也意味着创业已经有了一个良好的开端。

二、天使投资的运作流程

天使投资和投资机构不同，通常没有严格的流程。业界很多知名的天使投资人，都遵循自己的风格进行投资。比如徐小平钟情于投有“海归”背景的团队，德讯投资的曾李青倾向于投腾讯背景的创始团队等。

在实际操作中，天使投资的运行流程一般可以分为四步：选项、投资、投资后管理、退出。

1. 选项

天使投资的选项分为初选和再选。因为天使投资的资金是自有资金，投资的对象也是初创企业，所以一般不对投资阶段审查。

（1）初选主要有四个方面：项目是否有人推荐；项目是否与自己过去的经验类似；项目是否引起个人兴趣；项目是否在相关地理位置。

（2）项目的再选又称为尽职调查，再选过程包括五个步骤：项目是否有潜力；项目公司是否有出色的管理层；公司是否有明确的战略方向；公司是否有可行的退出渠道。

2. 投资

投资过程包括：评估、交易结构设计、谈判和实际投资。

（1）评估。投资人对于初创公司的评估基本上有两种形式：资前评估和资后评估。资前评估是指在天使投资介入之前该企业的估计价值，资后评估则是投资人注资之后的企业估计价值。一般情况下，天使投资人之所以投资初创企业，是因为他们看重企业发展的潜力。他们往往不在乎短期收益，而偏重长期的资本增值。因此，未来价值在企业评估时起着重要作用。

（2）交易结构设计。投资交易结构设计，主要是设计投资的方式和方法，规定融投双方的权利和义务。交易结构中往往含有不同的内容，就投资工具而言，一般有三种安排：普通股、可转换优先股和可转换债券。

（3）谈判。天使投资人与创始人的谈判往往是非正式的，甚至有的天使投资家干脆免去了谈判的麻烦，直接进行投资。一般来说，利益驱动型的天使投资人很重视谈判，主要想通过谈判为自己争取更大的利益。与此不同，监护性天使投资人把谈判视为和企业家进一步了解的机会。

（4）实际投资。与其他投资方式相比，天使投资的实际投资过程特别简便。也有些天使投资人根据自己的感觉，在没有签订投资合同的情况下，就会将资金交给创始人。

3. 投资后管理

关于投资后管理，天使投资人容易走两个极端，即参与过度或袖手旁观。很多天使投资人除了经济利益外，还喜欢天使投资这个事业。他们不仅为初创公司提供资金，还有自己的经验和热情。也有的天使投资人仅仅是为了投资收益率，有时袖手旁观，有时参与管理。

4. 退出

退出是指天使投资人从初创公司抽回投入的本金和资本增值（或损失），天使投资的退出大致可归纳为三类，即成功的退出、失败的退出和持平的退出。因为天使投资的统计比较困难，借用风险投资的统计数据，天使投资退出的分布趋向为：风险投资中将近 1/3 为投资持平状况，1/3 为失败，另外 1/3 为成功。

三、警惕“黑天使”的三大陷阱

天使投资人是扇着翅膀的天使，可以帮助初创公司顺利进入发展的轨道。然而，也有一些利欲熏心的“黑天使”，会把初创公司置于危险的境地。“黑天使”一般有以下几个特征。

1. 控股过高，掌控财务

“黑天使”的特征之一，就是控股过高。他们想方设法掌控初创公司的财务，通过利用创始人需要资金的迫切心理，强势掌握创业公司三分之二股份。而且在初创公司天使轮过后，不愿意退出，也不进行 A 轮追加。有的人甚至把公司的财务状况进行保密，导致创始人不了解公司财务状况，无法进入后期融资评估，为公司后续发展埋下隐患。

2. 只看不投，剽窃初创公司的商业秘密

这类“黑天使”是创始人最为深恶痛绝的一类。他们打着投资选项目的旗号，欺骗创始人拿出公司的创意和商业模式。“黑天使”详细了解了项目的运作过程之后，却不给创业公司投资，而是把创始人的创意和模式占为己有。更有甚者，还有一些“黑天使”在注资公司之前，高价挖走项目核心技术人员继续研发，让创始人根本无法继续创业。

创始人和投资人在洽谈阶段，在不了解投资人背景和投资倾向领域之前，要注意保守商业秘密，可以浅谈公司与产品的核心内容，多谈项目的潜力和

发展前景，而不要轻易将机密内容泄露出去。

3. 投资失败还要钱

投资人应该都懂得“投资有风险，入行需谨慎”，而“黑天使”则属于“入行不谨慎，想赢不想输”的投资人。如果初创公司失败关闭，“黑天使”会逼迫创始人进行债务偿还，偿还“黑天使”对公司的注资金额。其实，作为风险投资的天使投资，拿风险投资的创始人是不必偿还天使投资人的注资的。

如果与这种“不愿共苦，只能同甘”的“黑天使”合作，创始人不仅有很大可能会遭受损失，创业的激情也可能被消磨殆尽。无论创始人需要创业资金的心情有多迫切，也要擦亮双眼，准确识别和及时远离“黑天使”。

那么，该如何找到值得信任的“天使”，让自己的创业梦想得以实现呢？

1. 选择明星天使

在天使投资行业内，享有一定声誉的投资人。他们虽然投资门槛较高，但出于维护信誉的目的，他们也不会做出坑害创业者的行为。

2. 大型企业的投资部门

许多大型企业都有专门的投资部门，针对创业型公司设立投资基金。比如腾讯、阿里、百度都有专门的投资部门，这类投资部门可以归入白天使行列。初创公司选择大公司投资部的好处在于，他们可以为创始人提供自身的资源，帮助创始人少走弯路。但初创公司选择这类投资人的弊端在于，如果初创公司项目发展没有达到预期目的，就会被忽略甚至被解散。

3. 企业高管

创始人选择这类投资人要谨慎，他们因为是企业高管，已经习惯全权掌控公司。创始人和他们签合同时，一定要加入限制条件：投资方不得干涉初创公司内部除重大决策之外的事。否则，这类投资人会强势介入初创公司的管理，影响初创公司的正常发展。

天使融投就如结婚，融投双方都要精挑细选靠谱的另一半，才能保证婚后的生活安稳幸福。

第二节　VC 投资

一、VC 投资六要素

风险投资（Venture Capital），简称 VC，是把资本投向具有较高风险的高新技术领域，促使高新技术产品尽快商品化、产业化，以取得高资本收益的一种投资行为。通常情况下，风险投资人积极参与创业公司的经营管理，提供增值服务。风险投资由以下六要素构成：

1. 风险资本

风险资本是一种以私募方式募集资金，以公司等组织形式设立，投资于有巨大升值潜力的企业，承担高风险、谋求高回报的资本形态。风险资本通过购买股权、提供贷款的方式进入企业。风险资金来源于富有的个人、有雄厚资金实力的企业、政府、国外风险投资机构等。

2. 四类风险投资人

（1）风险资本家

接受风险投资的企业称为风险企业，有组织地进行募集、管理风险资本，寻求、挑选投资项目，投资风险企业的人被称为风险资本家。他们是向风险企业投资的企业家，与其他风险投资人一样，他们也是通过投资来获得利润，有所不同的是，风险资本家所投出的资本全部归其自身所有，而不是受托管理的资本。

（2）风险投资公司

风险投资公司有很多种类，通常都是通过风险投资基金进行投资，这些基金通常以有限合伙制为组织形式。

（3）产业附属投资公司

这类投资公司虽然是独立的风险投资机构，但是它们附属一些非金融性实业公司，代表母公司的利益进行投资。这类投资公司根据母公司的需求，将资金投向一些特定的行业。和传统风险投资一样，产业附属投资公司也要对被投资公司递交的投资建议书进行评估，针对企业做尽职调查，并期待得到高利润回报。

（4）天使投资人

天使投资是风险投资的一种，天使投资人也属于风险投资人。相对于其他风险投资者，他们在公司产品和业务成型之前，就把资金投入进来，投资风险相对更高，而利润回报也会更高。

3. 投资目的

风险投资属于股权融资，但投资的目的并不是为了控股，也不是为了参与公司的经营，而是通过投资和提供增值服务，让企业得到快速发展，然后通过合理的方式退出，在产权流动中实现投资回报。

4. 投资期限

风险投资人进行风险投资，他们的最终目的是成功退出，实现利益增值。风险资本从投入到创业公司到撤出投资为止，所持续的时间就称为风险投资期限。风险投资的期限一般较长，至少 3 ～ 5 年以上，通常在 7 ～ 10 年进入成熟期，而后续投资通常只有几年的期限。

5. 投资对象

风险投资的产业领域主要是高新技术产业，比如电脑软件、医疗保健、通信以及生物科技等。但也不乏向开发了新的经营模式的传统产业进行投资的风险投资人。

6. 投资方式

从投资性质看，风险投资的方式有三种：第一种是直接投资；第二种是提供贷款或贷款担保；第三种是提供一部分贷款或担保资金的同时，也投入风险资本购买被投资企业的股权。风险投资进入被投资企业的方式有两种：

第一种是将风险资本分期分批投入被投资企业，这样不仅可以降低投资风险，也加速资金周转；第二种是一次性投入，一般情况下，风险资本家和天使投资人可能采取这种方式。

二、VC 投资的五个标准

是否能获得 VC 投资，对于创业公司来说非常重要。VC 投资是创业公司快速发展的资本保障，也是得到认可的重要标志。

而对风险投资人来说，如何获得最大的利润永远是其追逐的最主要目标。创业公司要想获得 VC 的青睐，也不是一件容易的事情。VC 投资要对创业公司进行严格的评估，最终才会决定是否投资。不同的投资人评估投资对象的标准略有差异，但是通常情况下，都会遵循以下五个评估标准：

1. 创始人占评估的 30%

创始人是创业公司的灵魂，他掌握着公司的决策权，这直接影响着公司的发展。创始人的价值观和做事风格，会直接影响到公司理念和员工行为。

2. 商业模式占评估的 30%

随着形势的不断变化，风险投资人正在变得越来越谨慎。在互联网泡沫破灭前，投资人不怎么看重商业模式，通常企业只要是基于互联网的，投资人就会痛快地投资。但随着互联网泡沫破灭和全球性金融危机的来临，无条件投资互联网的好时代已经一去不复返了。现如今，创业公司必须对自己的商业模式了如指掌，要清晰规划公司的运营模式，要让投资人清楚地知道创业公司打算怎样一步一步实现盈利。

3. 团队占评估的 20%

创业公司需要一个成熟的团队，团队成员要有团队合作精神以及极强的进取心。创业公司在创业初期，可能在某一专业领域的人才不是那么丰富，但是，创业公司必须具备产品和技术方面的实力。

4. 技术占评估的 10%

“科学技术是第一生产力”，但是，科学技术本身并不能直接令公司取得成功——而这也正是技术只占 10% 比重的原因。拥有一个精英技术团队，确实是创业公司的一个竞争优势，他们能帮助公司在早期阶段取得成功，在公司发展过程中，技术团队也能通过提供更加优秀的技术力量，为公司打造一个强大的产品，形成公司独特的竞争优势。但是，技术只是公司的一部分，我们可以看到很多在某一专业领域拥有丰富经验和领先技术水平的公司在短短几年间便走向失败的例子。对于创业公司而言，技术只是公司发展的重要因素之一。

5. 产品理念占 10%

对于创业公司来说，拥有一个伟大的产品创意，并不意味着就拥有了一切。没有哪个创业公司，仅仅靠着一个出色的创意就能取得成功。创业公司的产品理念，是随着公司的发展不断调整变化的。创业团队要根据用户反馈、商业模式、市场竞争格局等，不断地改进创新产品理念，才能适应新的市场需求，才能将一个产品做成功。在竞争激烈的行业中，尤其是互联网行业，任何一个产品都是经过不断升级改进才获得成功的。

创始人在进行风险融资时，一定要做好充分的心理准备。投资人在投资决策过程中，可能会存在怀疑和担忧。初创公司的创始人、团队、商业模式如果都是值得称道的，公司获得投资的概率就非常高。创始人要有融资成功的信心，绝不能轻易放弃。

三、如何才能让VC对企业创始人“一见倾心”

VC投资评估投资对象时，创始人占着举足轻重的地位，让VC“一见钟情”的创始人，一般都具备以下七个特质。

1. 有敏锐的商业直觉，会正确预测市场的发展趋势

在一个全新的领域创业的创始人，一定是第一批“吃螃蟹”的人。优秀的创始人一定是最早奋战在新市场的人，而那些反应较慢的人，除非拥有雄厚的资源，否则基本很难取得成功。

率先进入新市场只是第一步，优秀的创始人还要能准确预判市场未来的发展趋势。优秀创始人会全方位地搜集信息，或者挖掘和解读历史数据，或者对标西方发达市场的发展经验，或者在深耕产业上下功夫、在产业上下游多方搜集信息等。

很多新市场都有天花板，优质创始人会对天花板有准确的预估。同时，还要判断是否有突破天花板的必要，突破天花板以后市场延展性又如何。

2. 深入了解用户需求，对培养用户习惯持谨慎态度

优质创始人会深入了解用户需求，走近目标用户，并不断测试以调整产品和服务的发展方向。比如百年老店吉列，本来是一家专门经营男士剃须刀的企业；可是当他们在调研中发现有很多女性也要购买剃须刀以剃掉体毛后，便立刻着手开发女士专用的刮毛刀。很快，吉列的刮毛刀便迅速占领了市场。在其他厂商还在研究如何推广自己的刀片时，吉列就早早地占据了更广阔的市场，扩大了自己的领先优势。

优质的创业者，对培养用户的习惯持谨慎的态度，因为教育用户要么很难成功，要么需要的周期特别长，作为创业公司，很难承担为此付出的成本。例如被誉为“新四大发明”之一的移动支付，也是阿里、腾讯经过数年的推广和大量的资金投入，才让中国人慢慢接受了移动支付的。

3. 精准把握创业节奏

优质的创始人，要有精准把握创业节奏的能力。在创业过程中，做很多事情往往都有具体的时间点，优质的创始人能精准地把握住这个时间点，知道什么时间点做什么事，什么时间点去调整、转型。

优秀的创始人，能把握时间点的早晚和事情的轻重点。创业公司早期人力、物力和财力都有限，没有疯狂试错的条件。对于想要尝试而又无力承担失败

后果的创业者，可以考虑依靠外力减轻企业的压力。比如很多地方政府都渴望吸纳优质项目去当地落地，而创业公司在早期阶段，就可以考虑在政府补贴的帮助下进入当地市场。

4. 准确按照背景和企业发展节奏选择投资

优质的创始人，懂得规划每一轮融资拿什么属性的资金，清楚在哪个阶段拿谁的钱。天使阶段，只要能够确信不是“黑天使”，就可以放心大胆地融资；在A轮B轮C轮融资，创始人则要考虑寻找那些拥有与企业经营范围相关投资经验的投资人或机构，依靠他们的资源取得迅速发展；等到企业成熟，准备上市或刚刚上市时，则要寻找那些实力雄厚而稳定的企业。

5. 商业化能力强，懂得合理支配资本

优质的创始人，懂得如何开源节流。开源意味着赚取更多的利润，这就要求创始人要有清晰的盈利模式和变现思路，还有变现的方法和手段。优质创始人的商业化能力，还体现在懂得如何合理利用资源。节流并不意味着无原则地省钱，而是有计划地进行合理支出。

优质的创始人，也能合理规划融资的额度，以及融资应该花在什么地方。创业公司需要多少钱就融多少，绝不会心血来潮凭空定融资额度。因为每一分钱的融资都是靠股权去换的，每多一分融资，未来就可能多一分风险。优质创始人会做精确、严谨的财务预算，详尽地预算每一分钱应该怎么花。

6. 具有高超的管理能力

优质创始人，不一定有多强的业务能力，但一定要能吸引行业里的精英人才为其所用。在某种程度上，一家创业公司的氛围和文化，其实就代表着创始人本身的特质。优质创始人不仅有很强的执行力，还能清楚地意识到创业团队需要补充哪类型人才，并及时找到该类型人才说服他加入团队。同时，能清醒地认识到企业发展阶段和团队的匹配度。懂得在创业公司高速发展阶段要发挥长板效应，在稳健增长阶段则需要避开短板。创始人高超的管理能力，对创业公司的发展起着非常重要的作用。

7. 具有成为优秀企业家的潜力

优质创始人还要具有个人魅力。拥有情商高、有战略眼光、性格坚毅、逻辑思维强、能快速学习、不怕输等能力的创始人，更容易成为优秀的企业家。

第三节　股权众筹

一、资本市场的新五板

股权众筹融资，主要是指通过互联网形式，进行公开小额股权融资的活动。股权众筹融资，必须通过股权众筹融资中介机构平台进行，小额、公开、大众是其主要特点。

中国人民银行金融研究所在一份调研报告中显示，股权众筹应该定义为中国的新五板。在各种促进融资发展的形式中，一板指的是主板市场，二板指的是创业板和中小板，新三板指的是全国性的非上市股份有限公司股权交易平台，新四板指的是培养地区性的股权市场。

定位为新五板的股权众筹，是一种新型的融资模式。如果把主板市场、创业板和中小板比作大学，那新三板就是高中阶段，新五板则是帮助企业成长的小学阶段。

众筹行业发展迅速，新五板在未来有很大的发展空间。大多数众筹平台都会遵循“all or nothing”规则，就是在募资期满时，如果募资额达到或者超过原计划金额，则意味着众筹成功。如果募资额没有达到计划金额，则众筹失败，所募资金额全部退还给投资者。也有一些平台，在募资没有达到计划额度时，也可以继续进行众筹活动，但是要对投资者进行一定的风险提示。

股权众筹的运作流程一般要经过三个阶段：向平台提交项目，平台要对项目进行初步审核；项目经过审核后，平台进行线上募资，有时也进行线下路演；募资期结束，签署投资法律文件，汇划资金。

相对于迅速发展的众筹行业，相关立法却仍然存在不足。因此，股权众筹是目前法律风险最大的一类众筹。

2010 年 12 月出台的《最高人民法院关于审理非法集资刑事案件具体应用法律若干问题的解释》第六条规定：“未经国家有关主管部门批准，向社会不特定对象发行、以转让股权等方式变相发行股票或者公司、企业债券，或者向特定对象发行、变相发行股票或者公司、企业债券累计超过 200 人的，应当认定为刑法第一百七十九条规定的‘擅自发行股票、公司、企业债券’。构成犯罪的，以擅自发行股票、公司、企业债券罪定罪处罚。”因此，进行股权众筹的企业必须要注意使自己的众筹行为符合法律规范。

另外，根据《公司法》的规定，有限责任公司的股东不得超过 50 人，股份有限公司的股东不得超过 200 人。但是进行股权众筹时，一个项目的投资人很可能就有几百人，很容易突破股东人数的限制。

二、股权众筹组织模式

与传统的股权融资相比，股权众筹最大的特点就是参与投资的人数众多，投资资金较为分散。在实际操作中，股权众筹一般采取合投模式，即领投跟投模式。通常情况下，项目融资人必须参与领投，而且对投资份额和持股锁定期都有一定的要求。

股权众筹一般有四种组织模式：

1. 有限合伙模式

目前大多数股权众筹都采用这种模式，以 50 个人为一组设立一个合伙体，合伙体的个数根据投资人的人数决定。有限合伙体作为投资主体直接投资于融资的项目，成为投资公司的股东。

2. 代持模式

从众多的投资人中选出少数投资人，然后由少数投资人与其他投资人签订股权代持协议。这些少数投资人代表其他投资人，成为融资项目公司的登记股东。这种模式不用设立有限合伙实体，但要注意的是，涉及人数众多时，容易产生股权代持纠纷。

3. 契约型基金模式

众多的投资人不设立有限合伙实体，而是由基金管理公司发起，设立契约型基金。基金管理公司作为管理人，与其他众多的投资人签订契约型投资合同，然后该基金管理公司作为投资主体直接投资，成为项目公司股东。和有限合伙模式相比，这种模式操作更加简单方便。

4. 公司模式

众多的投资人设立一个公司，然后再由公司作为投资主体投资项目，成为项目公司的登记股东。这种模式成本高、操作不便，而且会涉及双重征税，所以很少被采用。

三、股权众筹和非法集资的区别

非法集资是指单位或者个人未依照法定的程序经有关部门批准，以发行股票、债券、彩票、投资基金证券或者其他债权凭证的方式向社会公众筹集资金，并承诺在一定期限内以货币、实物及其他利益等方式向出资人还本付息给予回报的行为。

进行股权众筹时，如果不规范或者监管不严，就可能涉及非法集资。股权众筹和非法集资，都是面向众多的投资人筹集资金。二者虽然容易混淆，却存在着本质上的不同：

1. 发行方式不同

非法集资采用广告、公开劝诱和变相公开发行等方式。股权众筹平台则不会采用广告、公开劝诱的方式去推介项目，而是由创始人根据自己对自身项目的认识编写项目信息。众筹平台在判断项目是否具有虚假宣传等问题后，才会决定是否进行众筹。

2. 回报不同

判断股权众筹和非法集资实质的标准，就在于是否承诺规定的回报。通常情况下，非法集资都会承诺在一定期限内还本付息，而且承诺的利息远远高于银行的利息。而股权众筹是召集一批志同道合的人投资创业，它不会承诺固定的回报，而是同甘共苦，享受股东权利的同时也承担股东风险。

3. 对金融秩序影响不同

非法集资是干扰正常的金融秩序，而股权众筹进行的资本经营，一定程度上扩张了资本市场，对金融秩序起着积极的作用而并非扰乱。

非法集资把吸收的公众存款，用于货币资本的经营，比如放贷。而股权众筹是把融来的资金投向一个实体项目，并进行资本的经营。

4. 投资者的参与程度不同

创始人进行股权众筹的目的，是通过融资吸引对项目感兴趣的人加入，投资人参与项目的定位和研制，众筹强调的是一种全方位的参与感；而非法集资则是筹资人通过聚集资金，去做一个实业项目或进行资本的营运，出资人追求的是资金的回报，基本不参与项目的管理。

5. 风险控制不同

非法集资往往是由个人发起，把大额集资投向不为借款方所知的项目，并承诺高收益，其中存在着很大的风险。而在互联网时代，众筹平台让投资项目信息公开化，投资人可以通过互联网信息，消除创始人与投资人之间信息不对称的差异，大大降低了其中的风险。

第四节　PE 投资

一、PE 的特点

PE 投资即 Private Equity（私募股权投资），是指向具有高成长性的非上市企业进行股权投资，并提供相应的管理和其他增值服务，以期通过 IPO（Initial Public Offerings，首次公开募股）或者其他方式退出，实现资本增值的资本运作的过程。在中国，私募股权投资也可以理解为买原始股等待上市。PE 一般具有以下四个特点：

1. 资金筹集具有私募性与广泛性

私募股权投资的资金，主要面向少数机构投资者或个人以非公开方式募集，其销售、赎回也是以非公开方式进行。私募资金一般来源于富有的个人、风险基金、杠杆并购基金、保险公司等。

2. 投资对象是有发展潜力的非上市企业

一般情况下，私募股权投资对象为私有公司，就是非上市企业，能否带来高额投资回报是其唯一的选项标准，而不会在意该项目是否具有高科技和新技术。

3. 对投资对象进行管理支持

私募股权基金多采用权益投资方式，对被投资企业的决策管理享有一定的表决权。在投资工具上，私募股权基金多采用普通股或者可转让优先股以及可转债的形式。私募股权投资者通常参与企业的管理，一些著名的私募股权投资基金有着丰富的行业经验与资源，他们可以为企业提供有效的策略、融资、上市和人才方面的咨询和支持。

4. 属于中长期投资

私募股权投资期限较长，一个项目的投资期限可达 3 ~ 5 年或更长，属中长期投资。由于没有现成的市场供非上市公司进行股权交易，因此这一方式投资流动性较差。需要说明的是，私募股权投资机构可以从全球范围寻找可投资项目，并不限定投资区域。

二、PE 和 VC 的区别

VC 与 PE 虽然都是对上市前企业的投资，但是二者在投资阶段、投资理念等方面，还是有一定的区别。

1. 投资阶段

一般情况下，VC 会关注更多初创企业，这些企业具有很高的成长潜力，却缺乏稳定的现金流，需要资金支持其发展。除了纯财务投资性质的 VC，很多 VC 在带来资金的同时，也会提供良好的投后管理以及产业资源。

这些企业因为现金流不稳定，需要不断融资维持其发展，所以 VC 能以较低的价格获取较高的股权比例。如果所投企业能顺利成长，VC 就可以在退出时获取丰厚的回报。

PE 投资更关注比较成熟的企业，而不像 VC 那样追求超高额的回报率。PE 希望资金的进入能帮助企业继续发展现有的业务，以上市退出为主要目的。

2. 投资理念

VC 与 PE 的投资理念有很大不同，VC 的主要投资理念是不能错过好项目，强调高风险高收益，既可长期进行股权投资并协助管理，也可短期投资寻找机会将股权进行出售。而 PE 的投资理念则是不能出现投资失误，一般是协助投资对象完成上市后就套现退出。

3. 投资规模

PE 投资单个项目的规模一般较大，VC 的投资规模则视项目的需求和投资机构而定。

4. 投资特点

在目前的国内资本市场上，很多传统上的VC机构也介入PE业务，而许多PE业务的机构也参与VC项目。PE与VC只是在概念上有区分，在实际业务中两者界限越来越模糊。比如著名的PE机构凯雷（Carlyle）也涉及VC业务，他们投资携程网、聚众传媒等企业的方式就是VC；原来在硅谷做风险投资的红杉资本、经纬创投等老牌VC，在进入中国以后，旗下也开始募集PE基金，很多投资交易金额都远超千万美元。

三、PE投资的四个阶段

每个私募股权投资机构都有其独特的运作模式和特点。通常情况下，不同的运作模式，直接影响着投资的回报水平。总的来说，私募股权投资的运作过程，主要包括私募股权投资机构对基金的募资、投资、投后管理、退出四个阶段：

1. 募资

PE运行的起点就是募集资金。在美国，私募股权基金管理公司募集资金的渠道主要包括：公司养老基金、公共养老基金、捐赠基金、基金会等机构投资者和其他非金融机构。在国内，私募股权基金管理公司募资渠道一般包括：银行的私人银行部、信托公司、第三方理财机构、高净值客户直投等。

2. 投资

投资与投资后管理是PE运行的核心。从投资率来说，PE机构平均每收到100份商业计划书，只有5～10份会受到重视并进行调查，最后只有1个项目可能投资。从PE运作工作量来说，挑项目、判断价值占20%，对项目进行尽职调查占50%，谈判和设计投资方案占10%，投资后管理占20%。

3. 投后管理

参与投资对象的管理，是私募股权投资的重要特征。投后管理可以帮助公司建立治理结构和管理系统，帮助公司拓展市场、融资、寻找合作伙伴，对投资企业的发展起着积极的作用。投资方参与被投资对象的管理时，要本着“多帮忙，少添乱”的原则，要定期召开董事会，给经营团队自由发挥的空间，但不要对团队过多干涉。投后管理需要PE机构保持重大决策的参与权与否决权，如经营方向、对外投资、重大资产购置与团队选择等。

4. 退出

私募股权投资的主要退出方式是IPO。对企业来说，上市可实现财富增长，提升企业抗风险能力。对投资机构来说，IPO后进入公开市场，企业信息更加透明，资本市场有更好的流动性，利润也更容易变现。

第五节　新三板融资

一、新三板企业的优势

三板市场起源于2001年的“股权代办转让系统”，当时该系统承接两网公司和退市公司，称为“旧三板”。2006年，中关村科技园区非上市股份有限公司进入股权代办转让系统，进行股份报价转让。和原转让系统内的两网企业和退市企业不同，中关村科技园区进入后，挂牌企业均为高科技企业，所以称为新三板。目前，新三板是全国性的非上市股份有限公司股权交易平台。

新三板具有其挂牌门槛低、挂牌费用少、挂牌效率高等特点，新三板市场为挂牌企业带来的优势，主要表现在以下几个方面：

1. 融资

新三板可以为企业提供方便有效的融资途径，可以通过定向发行来融资，挂牌企业融资金额少则三五百万，多则可以达到三五千万。

2. 变现

在股份限售方面，挂牌企业比上市公司的限制要少得多。挂牌新三板企业股份可以流动，老股东可以变现。只要不是控股股东和实际控制人，就可以随时变现退出。

3. 作为上市的跳板

因为挂牌的硬性要求，新三板挂牌企业在各方面都需要比从前更加规范。新三板市场是全国性的场外交易市场，挂牌新三板对挂牌企业主板、创业板上市有利无弊。

4. 获得政府支持

地方政府会对新三板挂牌企业提供不同程度的政策支持，挂牌企业可更方便地申请政府补贴。

5. 凸显企业实力

挂牌新三板不仅有利于完善企业的资本结构，促进公司规范发展，还可以凸显企业实力，增加企业品牌的价值，在市场竞争中为企业增加正能量。

二、新三板挂牌的流程

新三板挂牌对于企业发展有巨大好处，但在新三板上市需要符合一定的规范，经过正确的流程才能上市。

1. 新三板挂牌的条件

想要在新三板上市的企业，必须符合《全国中小企业股份转让系统股票挂牌条件适用基本标准指引》的规范。

规范共分为六条，大致包括：

依法设立且存续满两年；

业务明确，具有持续经营能力；

公司治理机制健全，合法规范经营；

股权明晰，股票发行和转让行为合法合规；

主办券商推荐并持续督导；

全国股份转让系统公司要求的其他条件。

2. 新三板挂牌流程

企业在新三板挂牌前，要对新三板市场和自身都有一个系统的认知。在咨询了律师，对新三板市场有了通透的认知后，企业具备挂牌条件，并且根据自身发展需要决定挂牌新三板时，一般要遵循以下流程：

（1）挂牌方案设计

企业新三板挂牌只是一个手段，并不是目的。企业不能为了挂牌而挂牌，要预先设计好后续的融资和资本运营的整体方案。所以，挂牌第一步，就是要请律师根据企业自身特点，为企业设计新三板登陆方案。

（2）协调中介机构进场

有了挂牌方案后，企业就可以选择、联系券商、会计师等中介机构，并签订相应的服务协议。在选择中介机构以及签订相关协议时，需要律师提供专业的法律意见。签订协议后，所有的中介机构就可以进入开展工作了。

（3）尽职调查

中介机构进场后的第一项工作，就是对企业进行尽职调查。尽职调查是后续工作的基础，也是挂牌成功的保证，尽职调查包括法律尽职调查和财务尽职调查等。

（4）法律障碍解决

在尽职调查阶段，对于挂牌新三板，企业自身存在的法律障碍就会显露出来。有问题不可怕，可怕的是企业存在问题却没有被发现。这样的隐患一旦爆发，就会为企业带来巨大的负面影响。

（5）股份制改造

如果是有限责任公司，就需要先进行股份制改造，将有限责任公司改制成股份有限公司。

（6）法律意见书

企业挂牌新三板，必须由律师出具专业的法律意见书，确认挂牌的合法性。

（7）券商内核

在挂牌之前，需要券商先对企业进行内部审核。如果发现问题就要及时处理，直到券商内部审核人员确认已经没有问题存在为止。

（8）挂牌

企业通过券商内部审核后，律师、券商和企业将会一起向股转系统报送挂牌申请文件。当通过股转系统审核及证监会核准后，企业就可以在新三板上挂牌了。

新三板的挂牌速度较快，一般情况下，挂牌公司如果需进行股改，大约需要 2 ～ 3 个月，主办券商进场尽职调查及内核大约需要 1 ～ 2 个月，协会审查需要 2 个月，经协会核准后可以进行股份登记挂牌，全部流程预计需要半年左右的时间。

挂牌成功只是一个开始，之后的融资和资本运营才是企业新三板挂牌的目的和重点。

三、挂牌企业的融资途径

企业新三板挂牌的目的，就是为了解决融资难、融资成本高的问题。新三板挂牌企业，一般有五大融资途径：

1. 定向发行股票

定向发行股票融资是新三板挂牌企业最重要的融资方式，新三板简化了挂牌企业定向发行股票核准程序，允许公司在申请挂牌的同时或挂牌后定向发行融资，可申请一次核准，分期发行。在新三板这个平台，挂牌公司的股票可以在全国股份转让系统公开转让。

2. 中小企业私募债

私募债融资便捷高效，其发行审核采取备案制，审批周期更快，资金使用的监管较松，资金用途相对灵活。和信托资金和民间借贷比起来，私募债融资综合成本要低得多，部分地区还能获得政策贴息。

3. 股权质押

企业在新三板挂牌后，股票价格与流动性都得到了提高，挂牌公司股东也可以将所持的股票抵押给银行向银行贷款，目前已有一些银行接受股票质押贷款。

4. 资产证券化

资产证券化是以特定资产组合或特定现金流为支持，发行可交易证券的一种融资形式。资产证券化融资比较适合拥有稳定现金流的企业，而目前新三板挂牌企业现金流普遍不稳定，进行资产证券化融资有一定的困难。

5. 拓展企业内部融资渠道

新三板挂牌后，企业经营管理水平得到改善，企业的业绩能够得到提升，这将加速企业的资金回笼，企业收回大量的现金可以转化为再生产的资本金。提升业绩转换为资本的企业内部融资方式，具有原始性、低成本和抗风险的特点，是企业融资不可或缺的融资渠道。

第六节 IPO 上市融资

一、国内上市

企业上市不仅是市场的需求，也是很多企业家的终极梦想。企业进行 IPO 上市可以募集资金，吸引投资者，也可以提升企业的流通性，提高企业的知名度以及员工的认同感。企业上市是一个繁复的工作，上市程序一般要经历五个阶段。

1. 成立股份公司

企业改制重组的目的，是要成立一个符合申请上市条件的股份有限公司。通常情况下，改制重组工作应在改制企业的内部领导下，由专业中介机构组建的上市工作团队完成。中介上市团队包括证券公司、律师事务所、会计师事务所及资产评估机构等。

（1）成立改制小组

拟改制企业一般要成立改制小组，改制小组的主要工作为：全面协调企业与行政部门、中介机构的关系，并全面督察工作进程；配合会计师、评估师做好财务审计和资产评估工作；与律师合作，处理上市有关法律事务，包括编写公司章程以及各种关联交易协议；完成各类董事会决议、公司文件、申请主管机关批文，并负责宣传报道公关等工作。

（2）确定方案

券商和其他中介机构向发行人提交审慎调查提纲，企业根据要求全面真实地提供资料。中介结构通过审慎调查全面了解企业情况，确定改制方案。

（3）分工协调会

中介机构在详细了解公司情况后，发行人与券商将召集所有中介机构参加分工协调会。协调会由券商主持，就发行上市的重大问题，如股份公司设立方案、资产重组方案等事项进行讨论。

（4）各中介机构开展工作

根据协调会确定的工作进程，确定各中介机构工作的时间表，各中介机构根据时间开展工作，工作内容主要包括对初步方案进一步分析、财务审计、资产评估及各种法律文件的起草工作。

（5）提出申请

企业筹建工作基本完成后，即可向主管机构提出正式申请设立股份有限公司。

（6）工商行政管理机关批准股份公司成立，颁发营业执照

2. 上市前辅导

上市辅导是指有关机构对拟发行股票并上市的股份有限公司进行的规范化培训、辅导与监督。辅导内容主要包括：

公司董事、监事、高级管理人、持有5%以上股份的股东都需参加上市辅导，进行有关发行上市法律法规、上市公司规范运作和其他证券基础知识的学习、培训和考试。

督促企业按照有关规定，初步建立符合上市要求的公司治理结构，规范公司的运作。

核查企业在股份公司设立、改制重组、股权设置等方面是否合法，产权关系是否明晰，是否妥善处置了商标、专利等资产的法律权属问题。

督促企业实现独立运作，做到机构独立完整，主营业务突出，形成核心竞争力；督促企业规范其他关联方的关系，建立规范的关联交易决策制度；督促企业制定可行的募股资金投向及其他投资项目的规划。

对企业是否达到发行上市条件进行综合评估，诊断并解决问题。

辅导前期主要是在详尽调查的基础上，形成具体的辅导方案。辅导中期的重点在于集中学习和培训，诊断问题并加以解决。辅导后期侧重于完成辅导计划并进行考核评估，做好首次公开发行股票申请文件的准备工作。

3. 上报申请文件

股份公司成立运行一年后，经中国证监会地方派出机构验收符合条件的，可以制作正式申报材料。

（1）申报材料内容

根据《中华人民共和国证券法》第十二条，设立股份有限公司公开发行股票，应当符合《中华人民共和国公司法》规定的条件和经国务院批准的国务院证券监督管理机构规定的其他条件，向国务院证券监督管理机构报送募股申请和下列文件：

①公司章程；

②发起人协议；

③发起人姓名或者名称，发起人认购的股份数、出资种类及验资证明；

④招股说明书；

⑤代收股款银行的名称及地址；

⑥承销机构名称及有关的协议。

依照本法规定聘请保荐人的，还应当报送保荐人出具的发行保荐书。

法律、行政法规规定设立公司必须报经批准的，还应当提交相应的批准文件。

（2）申报材料上报

中国证监会收到申请文件后在5个工作日内做出是否受理的决定。未按规定要求制作申请文件的，不予受理。同意受理的，根据国家有关规定收取审核费人民币 3 万元。

4. 证监会核准

中国证监会对申请文件进行审核时，根据《中国证监会股票发行核准程序》，审核一般分为三个阶段：

（1）初审

中国证监会受理申请文件后，对发行人申请文件的合规性进行初审，并在 30 日内将初审意见函告发行人及其主承销商。

主承销商自收到初审意见之日起 10 日内将补充完善的申请文件报至中国证监会。

中国证监会在初审过程中，将就发行人投资项目是否符合国家产业政策征求国家发展计划委员会和国家经济贸易委员会意见，两委自收到文件后在 15 个工作日内，将有关意见函告中国证监会。

（2）发行审核委员会审核

中国证监会对按初审意见补充完善的申请文件进一步审核，并在受理申请文件后 60 日内，将初审报告和申请文件提交发行审核委员会审核。

发行审核委员会按照国务院批准的工作程序开展审核工作。委员会进行充分讨论后，以投票方式对股票发行申请进行表决，提出审核意见。

（3）核准发行

依据发行审核委员会的审核意见，中国证监会对发行人的发行申请作出核准或不予核准的决定。予以核准的，出具核准公开发行的文件。不予核准的，出具书面意见，说明不予核准的理由。

中国证监会自受理申请文件到作出决定的期限为3个月。

《中国证监会股票发行核准程序》规定：发行申请未被核准的企业，接到中国证监会书面决定之日起60日内，可提出复议申请。中国证监会收到复议申请后60日内，对复议申请作出决定。

5. 发行与上市

（1）定价与配售

根据《证券发行与承销管理办法》，首次公开发行的股票，发行人应按以下规定进行定价与配售。

第四条　首次公开发行股票，可以通过向网下投资者询价的方式确定股票发行价格，也可以通过发行人与主承销商自主协商直接定价等其他合法可行的方式确定发行价格。发行人和主承销商应当在招股意向书（或招股说明书，下同）和发行公告中披露本次发行股票的定价方式。

上市公司发行证券的定价，应当符合中国证监会关于上市公司证券发行的有关规定。

第五条　首次公开发行股票，网下投资者须具备丰富的投资经验和良好的定价能力，应当接受中国证券业协会的自律管理，遵守中国证券业协会的自律规则。

网下投资者参与报价时，应当持有一定金额的非限售股份。发行人和主承销商可以根据自律规则，设置网下投资者的具体条件，并在发行公告中预先披露。主承销商应当对网下投资者是否符合预先披露的条件进行核查，对不符合条件的投资者，应当拒绝或剔除其报价。

第六条　首次公开发行股票采用询价方式定价的，符合条件的网下机构和个人投资者可以自主决定是否报价，主承销商无正当理由不得拒绝。网下投资者应当遵循独立、客观、诚信的原则合理报价，不得协商报价或者故意压低、抬高价格。

网下投资者报价应当包含每股价格和该价格对应的拟申购股数，且只能有一个报价。非个人投资者应当以机构为单位进行报价。首次公开发行股票价格（或发行价格区间）确定后，提供有效报价的投资者方可参与申购。

第七条　首次公开发行股票采用询价方式的，网下投资者报价后，发行人和主承销商应当剔除拟申购总量中报价最高的部分，剔除部分不得低于所有网下投资者拟申购总量的 10%，然后根据剩余报价及拟申购数量协商确定发行价格。剔除部分不得参与网下申购。

公开发行股票数量在 4 亿股（含）以下的，有效报价投资者的数量不少于 10 家；公开发行股票数量在 4 亿股以上的，有效报价投资者的数量不少于 20 家。

剔除最高报价部分后有效报价投资者数量不足的，应当中止发行。

第八条　首次公开发行股票时，发行人和主承销商可以自主协商确定参与网下询价投资者的条件、有效报价条件、配售原则和配售方式，并按照事先确定的配售原则在有效申购的网下投资者中选择配售股票的对象。

第九条　首次公开发行股票采用直接定价方式的，全部向网上投资者发行，不进行网下询价和配售。

首次公开发行股票采用询价方式的，公开发行股票后总股本4亿股（含）以下的，网下初始发行比例不低于本次公开发行股票数量的60%；发行后总股本超过4亿股的，网下初始发行比例不低于本次公开发行股票数量的70%。其中，应当安排不低于本次网下发行股票数量的40%优先向通过公开募集方式设立的证券投资基金（以下简称公募基金）、全国社会保障基金（以下简称社保基金）和基本养老保险基金（以下简称养老金）配售，安排一定比例的股票向根据《企业年金基金管理办法》设立的企业年金基金和符合《保险资金运用管理暂行办法》等相关规定的保险资金（以下简称保险资金）配售。公募基金、社保基金、养老金、企业年金基金和保险资金有效申购不足安排数量的，发行人和主承销商可以向其他符合条件的网下投资者配售剩余部分。

对网下投资者进行分类配售的，同类投资者获得配售的比例应当相同。公募基金、社保基金、养老金、企业年金基金和保险资金的配售比例应当不低于其他投资者。

安排向战略投资者配售股票的，应当扣除向战略投资者配售部分后确定网下网上发行比例。

网下投资者可与发行人和主承销商自主约定网下配售股票的持有期限并公开披露。

第十条　首次公开发行股票网下投资者申购数量低于网下初始发行量的，发行人和主承销商不得将网下发行部分向网上回拨，应当中止发行。

网上投资者有效申购倍数超过50倍、低于100倍（含）的，应当从网下向网上回拨，回拨比例为本次公开发行股票数量的 20%；网上投资者有效申购倍数超过 100 倍的，回拨比例为本次公开发行股票数量的 40%；网上投资者有效申购倍数超过 150 倍的，回拨后网下发行比例不超过本次公开发行股票数量的 10%。本款所指公开发行股票数量应按照扣除设定 12 个月及以上限售期的股票数量计算。

网上投资者申购数量不足网上初始发行量的，可回拨给网下投资者。

第十一条　首次公开发行股票，持有一定数量非限售股份的投资者才能参与网上申购。网上投资者应当自主表达申购意向，不得全权委托证券公司进行新股申购。采用其他方式进行网上申购和配售的，应当符合中国证监会的有关规定。

第十二条　首次公开发行股票的网下发行应和网上发行同时进行，网下和网上投资者在申购时无须缴付申购资金。投资者应当自行选择参与网下或网上发行，不得同时参与。

发行人股东拟进行老股转让的，发行人和主承销商应于网下网上申购前协商确定发行价格、发行数量和老股转让数量。采用询价方式且无老股转让计划的，发行人和主承销商可以通过网下询价确定发行价格或发行价格区间。网上投资者申购时仅公告发行价格区间、未确定发行价格的，主承销商应当安排投资者按价格区间上限申购。

第十三条　网下和网上投资者申购新股、可转换公司债券、可交换公司债券获得配售后，应当按时足额缴付认购资金。网上投资者连续 12 个月内累计出现 3 次中签后未足额缴款的情形时，6 个月内不得参与新股、可转换公司债券、可交换公司债券申购。

网下和网上投资者缴款认购的新股或可转换公司债券数量合计不足本次公开发行数量的70%时，可以中止发行。

除本办法规定的中止发行情形外，发行人和主承销商还可以约定中止发行的其他具体情形并事先披露。中止发行后，在核准文件有效期内，经向中国证监会备案，可重新启动发行。

第十四条　首次公开发行股票数量在4亿股以上的，可以向战略投资者配售股票。发行人应当与战略投资者事先签署配售协议。

发行人和主承销商应当在发行公告中披露战略投资者的选择标准、向战略投资者配售的股票总量、占本次发行股票的比例以及持有期限等。

战略投资者不参与网下询价，且应当承诺获得本次配售的股票持有期限不少于12个月，持有期自本次公开发行的股票上市之日起计算。

第十五条　首次公开发行股票数量在4亿股以上的，发行人和主承销商可以在发行方案中采用超额配售选择权。超额配售选择权的实施应当遵守中国证监会、证券交易所、证券登记结算机构和中国证券业协会的规定。

（2）上市

发行工作完成后，发行人向证券交易所提出上市申请，符合交易所全部条件的申请人在交易所做出同意上市的决定后，便可在交易所安排下完成挂牌上市交易相关工作，并根据相关规定发布上市公告。

二、境外上市

境外上市是指国内股份有限公司向境外投资者发行股票，并在境外证券交易所公开上市。从 20 世纪末到现在这十几年间，中国企业大量海外上市，比如说阿里巴巴在香港（香港属于中国领土，但从上市角度来看，香港交易所上市属于境外上市）、美国上市，腾讯在香港上市，很多的互联网金融企业比如说趣店、拍拍贷等也都在海外上市。

企业不在国内上市，却山路十八弯到境外上市，其实很多时候是出于无奈。中国的上市门槛很高，很多企业无法满足中国股市的上市盈利条件。目前，虽然国家通过各种方式简化了审批方式，降低了上市门槛，但企业上市依然是千军万马过独木桥的状态。大量企业排队上市，各种市场的波动甚至发审委的调整都能让企业上市陷入停滞状态，其中最长的一次 IPO 暂停就停了整整两年的时间。一般情况下，企业在 A 股上市的时间等待周期是两到三年，有的企业甚至等了五年以上，而在美国上市或者香港上市企业的时间等待周期大概是 6 个月。

企业境外上市有直接上市与间接上市两种模式，直接上市即直接以境内公司的名义，向境外证券主管部门申请发行的登记注册，并发行股票或其他衍生金融工具，向当地证券交易所申请挂牌上市交易。很多企业为了避开国内复杂的审批程序，选择以间接方式在海外上市。即国内企业到境外注册公司，境外公司以收购、股权置换等方式取得国内资产的控股权，然后将境外公司拿到境外交易所上市。

企业在境外上市，一般需要经过以下程序：

第一，策划上市方案。主要包括资产重组和离岸注册。在这方面，有很多财务咨询机构都可以为企业提供帮助。如果选择离岸注册，百慕大群岛和开曼群岛等地均是不错的选择。离岸公司注册的时间大约10天左右，中介机构会按照内地企业的规模协助企业设计注册的股东、资金。

第二，制作申报文件。企业在财务顾问的协助下，提供符合上市地要求的上市资料。申报文件达到上市地的要求后，由上市地许可的中介机构进行审计和资产评估，时间约2个月左右。同时，财务顾问公司委派专业人员协助拟上市企业出具商业计划书。

第三，出具法律说明书和保荐人报告书。境外资本市场一般采取保荐人制。财务顾问公司在与拟上市企业签约后就开始协助企业选择合格的保荐人。同时，各家中介机构也要对企业进行尽职调查，并出具相关报告。只要获得了合格的法律说明书、审计报告、评估报告和保荐人报告，就具备了进入资本市场的资格。

第四，保荐人将上述资料递交交易所。境外的交易所只对拟上市资料进行形式审核，不做实质审核。在审核期间，拟上市公司可以进行路演，还可以在公开发行前先私募一部分股票。

三、新三板转板 IPO

与A股市场相比，新三板市场具有流动性不足、市场容量骤增、交易制度不完善等问题。对于挂牌企业而言，要么积极向创新层靠拢，要么完成退出转板 IPO。新三板转板 IPO，一般要经过以下几个步骤：

1. 中介机构 IPO 前问题诊断

企业打算转板 IPO，首先要请保荐机构对企业进行初步诊断，确定企业是否符合 IPO 条件。如果企业无实质性上市障碍仅需要整改，则选好中介机构，董事会、股东大会对 IPO 做出决议并公告。

2. IPO 上市辅导

企业要 IPO，必须经历 IPO 辅导阶段。作为公众公司，新三板挂牌企业已经完成了股改等规范性的资本操作，因此辅导阶段耗时也要比一般的上市公司要短。

3. 证监会受理后停牌

IPO 辅导经保荐机构内核通过，当地证监局对辅导成果进行核准，出具辅导核准报告，新三板企业在股转系统发布通过辅导的提示性公告。此后，新三板企业即可根据规定，向证监会报送 IPO 申请材料。当证监会受理其文件后，新三板企业必须按照《全国中小企业股份转让系统业务规则（试行）》4.4.1 条规定，股票在新三板停止转让。

4. 回复证监会 IPO 反馈意见，在发审会进行审核

发行人对证监会的反馈意见完成反馈回复并更新招股说明书，经证监会

初审会后安排发审会审核，公告发审委审核会议时间，发行人安排 2 人、保荐机构安排 2 名保荐代表上会回答问题。

5. 取得上市批文摘牌

发行人取得证监会出具的核准发行文件，在 6 个月内登陆交易所上市。挂牌公司收到证监会核准发行后，发布发行公告，进行路演、询价、发行、股票挂牌。企业要申请终止股票挂牌，得到股转公司的同意后，公司股票将在股转公司终止挂牌交易。

第三章

如何做好股权架构

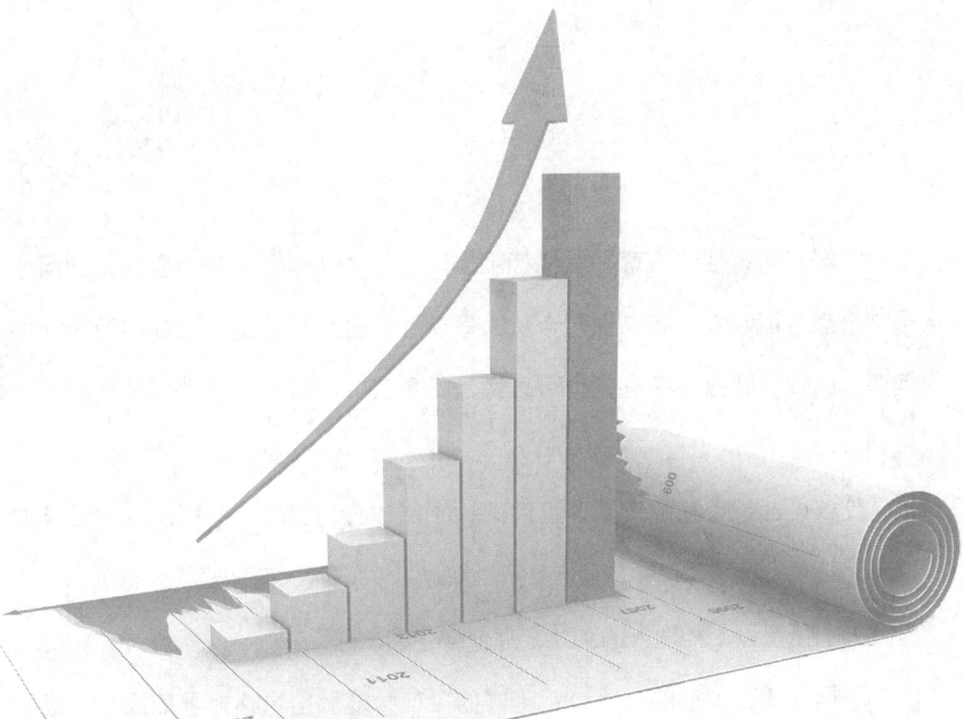

第一节　股权分配背后的秘密

中国有句古话“生意好做伙计难搁”，意思就是合伙赚钱容易，却因为很难合理分配收益，容易引起合伙人散伙甚至是反目成仇。这就涉及股权的问题。股权，即股东权利，也可以说是股东获取经济利益和参与公司经营的权利。

股权设计是公司的地基，股权结构比例与公司管理、公司决策有着重要联系，股权设计不是简单的股权比例、表决权的问题，而是要争取将创始人、合伙人、投资人、经理人的利益合理地绑定在一起。

同样材质、大小的一块布，不同的设计师能做出风格迥异的服装。对于一个公司来说，股东不同，股东的偏好不同，公司的主营业务、经营模式不同，也会有不同的股权设计方案。

一百家公司可能有一百种股权设计方法，但是万变不离其宗，无论进行怎样的股权设计，都要遵循一些基本的原则。

一、股权分配需谨慎

在创业初期，因为需要资本和资源的帮助，创始人往往会以股权换取帮助。其实，公司股权是最珍贵的资源，哪怕付出大量的金钱，也不要轻易动用股权。

创业公司如果是人力型企业，比如互联网公司，技术性人才是创业成功的关键因素。对于这类企业来说，真正值得分享股权的是那些技术型人才，而不是市场营销人才。如果创业公司的业务模式属于创新型，需要市场型人才推广新业务，股权分配就要向推广能力强的人才倾斜。

二、股权切忌五五分

创业公司要想获得成功，必须有一个核心大股东，且要保证股权比例大于其他小股东之和，以保证企业的管理权能够牢牢地掌握在一个人手中。

但是，有许多公司往往会选择平均分配股权。出现这样的情况一般有三个原因：碍于情面，核心股东不愿占比太多；不懂得股权平均分配的危害；没有远瞻性地预测企业未来的发展规模，不了解股权的价值。

股权平均分配，会给企业的后续发展带来无法预知的障碍。因为股东拥有相同的股权，导致创始股东在做决策时，彼此话语权或者表决权是相近的。这时如果出现意见分歧，极易引发企业内耗。对于小企业来说，“船小好调头”是最大的优势，如果陷入内耗，只需要短短的几个月，企业就可能会走向灭亡。

公司在初创阶段，核心大股东的股权一般占到67%以上最佳，随着企业的发展，核心大股东的股权比例可以合理下调。

三、设置期权池

所谓期权池就是预留一部分股权暂不分配，一般情况下，企业往往会预留10%～20%。

这部分股权往往用来激励员工，是初创企业实施股权激励计划的方式。很多企业的经验都证明了，员工期权计划是驱动初创企业发展的关键要素之一。

股权代表所有权，期权则代表在特定的时间、以特定的价格购买特定所有权的权利，可以视作员工与公司之间关于股权买卖的一份合同。

工资、奖金是对股东、员工过去贡献的评价，而股权更多是去激发员工的未创造价值。在创业阶段，每个员工的实际能力和表现，以及对公司的实际贡献，都和预期有所不同，而期权池则以动态调整机制来进行科学灵活的调整，可以有效地减少矛盾发生。

四、设计持股平台

公司除了核心大股东之外，还有持股数量比较少的小股东，这种股东的数量较多，就可以把他们的股权集中放在持股平台。核心股东实际管理持股平台，即核心大股东也行使小股东股权所代表的表决权。

五、利于融资及后期资本运作原则

资本是企业腾飞的翅膀，在创业过程中，能顺利拿到风险投资，并走过 A 轮、B 轮、C 轮，最后进入创业板、中小板或主板是大家创业的理想。所以，在设计股权时一定要考虑后面的一系列融资的便利性。

第二节　股权蛋糕分不好，公司发展多烦恼

一、影响公司融资的五种股权结构

投资机构在筛选投资项目时，被投公司股权结构是否健康是一个重要的关注指标。因为被投公司股权结构不健康，会严重影响到投资成功和项目退出。创业公司的五种股权结构会让投资机构绕道而行，从而失去融资的机会。

1. 缺少“领头大哥”

有很多公司都在尝试实行这样的股权模式：母体公司作为大股东持股50%，经营团队持股25%，公司其他员工参与众筹持股25%。这种模式有利于产业裂变协同、团队激励与风险隔离，这种股权结构有一定合理性。

但是，这种股权结构很可能导致大股东的创始人身份与投资人身份不清晰。大股东是公司的实际控制人，许多事情需要由大股东做最终决策；但是，很多时候大股东并非是全心全意投入到企业管理之中的，他们往往没有意愿也没有能力参与公司的经营与决策。这种又像是投资人又像是管理者的双重模糊的身份，会让大股东与经营团队都陷入被动尴尬的境地。

2. 股权没有分期兑现机制

对于很多创业公司来说，经营团队早期的货币出资并不高，有的只有几十万元。早期货币出资虽然解决了公司的启动资金问题，但也只是经营团队对公司的次要贡献，经营团队对项目的全职投入和工作成果才是主要贡献。

对于那些在公司成立之初就进行了投资，却不参与企业管理的合伙人，分期兑现机制尤为重要。如果没有约定分期兑现与回购机制，公司未来就无法按照合理价格回购退出合伙人的股份，这对于长期投入的经营团队既不公平也不合理。因此，经营团队应该发放限制性股权，要设定分期兑现机制，和全职服务期限挂钩。

3. 过早稀释大量股权

股权稀释，不仅意味着价值的下降，更意味着控制权的下降。如果不注意股权的稀释问题，创始人对企业的控制权就可能被削弱。如 Facebook 的联合创始人之一爱德华多·萨维林，就被扎克伯格以股权稀释的方式赶出了公司。

创始人不控股，从技术上也可以控制公司。但是，股权是公司的核心战略资源。如果创始人过早稀释大量股权，会导致创始人动力不足，未来团队缺少足够股权空间。

4. 不披露代持股权

2005 年，有一家名为博智基金的公司，在看到了正处于新兴阶段的中国保险行业的发展前途后，立刻着手投资。不过碍于自己注册于开曼群岛的外资背景（保监会规定外资股东投资境内保险公司不得超过 25%），博智基金最终选择由鸿元公司帮他们来代持刚刚收购的新华人寿保险股份有限公司（以下简称新华人寿）9% 的股份，共计 10800 万股。

5 年后，新华人寿发布了增资扩股公告。此时，博智基金要求鸿元公司返还其代持的股份，结束代持关系，但鸿元公司拒绝该要求。在协商后，博智基金与鸿元公司协商将那 9% 的股权转让给第三人德仁公司，而德仁公司分别向博智基金、鸿元公司支付股权转让款 21.6 亿元、7.02 亿元。

但博智基金很快改变了看法，认为鸿元公司不该享有该笔股权转让款，于是诉至法院，要求鸿元公司返还全部金额。而鸿元公司则认为博智基金的做法是以合法形式掩盖非法目的，协议应属无效，涉案股权应归其享有。

一审时，法院支持了博智基金，要求鸿元公司返还近 7 亿元的转让款；而二审法院却驳回了博智基金的全部要求。二审法院认为：鸿元公司的投资行为得到了保监会认可，且鸿元公司也一直以自己的名义行使股东权利，履行股东义务，所以股权应归鸿元公司所有。最终，博智基金只好承认这7亿元的转让款属于鸿元公司的事实，白白损失了7亿元。

“代持”可以说是一种风险很大的资产处置方式；一旦当事人采取代持的原因被发现不合法，或是代持方出现重大变故，资产代持就极易引发重大问题——而这类问题往往是初创企业无法承受的。

5. 预留股份不合理

某投资机构投资某公司时，参照行业标准，让公司预留了10%激励股权。但是，投资方投资该公司时，公司核心经营团队只有一个创始人。在下轮融资进来之前，公司先后引进了3个核心合伙人，总共发出去35%股权。公司后续引进核心合伙人时，如果预留激励股权不够用，原则上是所有股东共同同比例稀释股权。因此，在公司下一轮融资完成之前，投资方的股权已经被大量稀释。

二、股东的天价离婚案

上市公司股东离婚，一般都要付出天价的分手费。著名演员赵薇的哥哥赵健，是唐德影视的二股东。唐德影视在2017年10月10日公告，公司二股东赵健因婚姻关系解除，将其所持1921.32万股公司股份分割给妻子陈蓉。根据当天收盘价27.05元/股计算，赵健分割给陈蓉的股份市值约5.2亿元。

赵健这样的“天价”离婚案并不少见。2011年5月，蓝色光标发公告称，董事孙陶然因离婚将其所拥有的蓝色光标4.59%的股权分割给前妻胡凌华，按当时股价，合计市值1.67亿元；2013年10月，神州泰岳宣布，董事长王宁因离婚将其所持有的1.2亿股分割至前妻安梅名下，当时该笔股权价值高达14亿元左右，是当时创业板“最昂贵”的离婚案；2014年12月8日，神开股份的实控人之一顾正与前妻高湘离婚，将其持有的神开股份2391.36万股分割至高湘名下，根据当时股价，该部分股权价值也超过3亿元；2016年1月28日，电科院发公告称，公司实际控制人之一胡醇因为离婚，将其持股由9600万股减少到6400万股，减少的3200万股分割给前妻王萍。按照当时市价计算，3200万股市值约3.68亿元。

股东离婚不仅会损失股权，造成股价震荡，也可能耽误公司上市时间，让公司错失发展机遇。

2010年11月土豆网CEO王微在冲击纳斯达克上市前的2010年3月就已经离婚的前妻杨蕾提出离婚财产分割诉讼，王微的股权被冻结，包括其所持有土豆网部分股份，土豆网只能推迟上市。2011年6月，王微与前妻杨蕾达成协议后，土豆网才又重启了上市。土豆网上市进程被搁置半年有余，就在那半年，市场发生了翻天覆地的变化，优酷抢先作为中国视频第一股成功登陆美股，优酷利用上市后资金优势拉大了与土豆网的差距，2012年土豆网被优酷收购。

王微离婚对土豆网造成的影响，导致不少私募业界人士都试图在股东协议中增加条款，要求他们所投公司的CEO结婚或者离婚必须经过董事会批准。一些风投大佬将这一条款戏称为“土豆条款”，虽然这一条款并不受法律支持，也基本没有实际操作的可能，但也反映了风投界对于“婚变”对企业造成巨大影响的警惕。

“夫妻档”已经成为中国家族企业最为常见的形态之一，在此类企业中，夫妻双方会形成一定的股权结构，而股权结构是治理结构的基础。显然，夫妻关系出现问题会对公司融资、发展造成不好的影响。夫妻档企业生存的关键，是夫妻一方的理性淡出。

三、设立防利益冲突机制

股权结构设计的核心理念，就是要平衡好各个股东之间的利益关系。在进行股权设计时，设立一个良好的防利益冲突的机制，是非常重要的。

所谓防利益冲突机制，通俗地说，就是为了防止利益受到损害，提前制定的一些约束性制度。我们可以通过举例的形式来阐述这个概念。

比如说，某公司的股权结构过于分散，没有一个超过 50% 的股东。各个股东意见不一致的话，公司的股东会、董事会长期无法形成有效决议，就会导致公司生产经营困难。为了预防这种不利于公司生产经营的僵局发生，那就要设立防利益冲突机制，在制定公司章程的时候，要指定一个人对公司的重大事务具有决定权。

此外，还可以采用竞价收购的机制，通过竞价收购的形式把股权集中起来。如果董事会不能做出决策，公司陷入了僵局，这时候，合伙人就可以将股权竞价出售，而收购者也可提高自己的股权比例；如果在收购后，股权比例超过了 50%，他就拥有了控制权。通过设立这种防利益冲突机制，就可以把有可能引起公司未来发展重大矛盾的因素消灭掉。

还有调解机制、仲裁机制、审判机制等，如果公司的股权结构不能够控制公司，就一定要考虑到有可能会出现哪些不利于公司发展的情况，提前制定好应对措施。

再比如，制定合理的股权退出机制，也是预防合伙人利益起冲突的有效手段。由于各种各样的原因，合伙人有时会提前离开公司。为了避免创始人中途离开对创业公司的发展造成不良影响，要提前约定好人走股收。法律上有股权成熟或者股权确权的说法，即创始股东约定好为公司全职稳定工作的期限，比如期限是四年，在此期间有创始股东离开，他就没有完成服务期限所对应的股权，所以应该把股权退回。合理的股权退出机制，既能激励留守的创始股东，也可以招募新股东，代替离职的创始股东。

第三节　股权架构的几种设计

金刚石和石墨同样是碳元素构成，由于结构不同，一个无比坚硬，一个却十分柔软。对于公司来说，不同的股权结构，也会让企业的管理完全不同。

一、金字塔结构

金字塔股权结构是指控制人通过持有一些中间层次公司的股权来实施对上市公司或目标公司的控制。比如，某家族持有 A 公司的 51% 股权，A 公司又持有 B 公司的 51% 股权，B 公司又持有 C 公司的 51% 股权，C 公司持有 D 公司的 51% 股权。这样，家族虽然只是间接拥有 D 公司 6.77% 的股权，却实际控制了该公司。

实践中，许多民营上市公司实际控制人仅通过直接或间接方式持有较低比例股份即实现了对上市公司的控制，是实际意义上的“小股东控制”。这种金字塔式的股权结构中，实际控制人持有的股份虽然比例较低，却间接控制了整个公司。

二、交叉持股结构

交叉持股是指在不同的企业之间互相参股，以达到相互控制和影响的目的。

比如，李嘉诚的商业帝国便是采取交叉持股的方式。李嘉诚家族占有长江实业（以下简称长实）股份 43.4% 以及和记黄埔（以下简称和黄）2.52% 的股权，又通过长江实业间接持股和记黄埔 49.97%。

在具体操作方面，首先，李嘉诚在换股比率上做文章。

在长实与和黄重组之前，和黄先向李嘉诚收购了 6.24% 赫斯基能源（赫斯基能源的股份由李嘉诚通过信托公司持有），使李嘉诚家族在长和持有 30.15% 的股份，保持主要控股股东身份。然后，长实与和黄进行重组，长实与新公司股权 1 对 1 折换，和黄则按照 1∶0.684 的比例折换。这样，李嘉诚就将对和黄的间接控制权转为对长实的实际控制权，使重组后的新长和的资本实力增加，李嘉诚的控制权也得以增强。

其次，将原来交叉持股的复杂结构整合为单一的控股公司。整合后，新的长和直接受控于李嘉诚家族的信托，李氏家族持有 30.15% 的股权。这样的操作，消除了长实、和黄之间因资产捆绑所产生的控股折价，释放了更多的价值，让包括李氏家族在内的股东都能获得巨大利益。更重要的是，这样的股权结构，让李氏家族对新长和更有控制力，为未来的家族传承打下了坚实的基础。

三、双层股权结构

顾名思义，双层股权结构就是指将具有不同股票权能的股权进行分层设置的公司股权结构。具体来说，就是将股权按照表决权大小分为A、B两类，A类做到“一股一票”，B类则附着数倍于A类股的表决权。在某些企业，这一差距甚至能达到150倍之多。

1898年，国际白银公司（International Silver）首先使用了这一结构，发行了900万股优先股和1100万股无投票权的普通股。1902年，该公司将无投票权的普通股也赋予了投票权，但每两股只有一个投票权。如今，大部分企业都按照10∶1的比例设计双层股权结构，比如重组之前的谷歌。这种10∶1的双层结构，让谢尔盖·布林等三位创始人对公司的控制权超过50%。而伯克希尔·哈撒韦等跨国巨头，也大多采用这种股权结构。

苹果公司在创立之初，使用的是单纯的均衡股权结构，乔布斯与其他创始人控制着相同比例的股权。后来，乔布斯的股权比例被不断稀释，最终导致他逐步丧失了对公司的控制权，而被董事会扫地出门。直到11年后，乔布斯才回到苹果。如果采用双层股权结构，也许苹果的辉煌会更早地到来。

而谷歌却从来没有产生过类似的烦恼。这说明，双层股权结构对于维护创始人对企业的控制权是有很大作用的。

特别要注意的是，中国法律并不允许这样的结构，而百度、阿里等也都是在各自的境外离岸公司使用这一结构。不过，2013年11月30日，国务院发布了《关于开展优先股试点的指导意见》，决定开展优先股试点。2014年

3 月 21 日，证监会发布《优先股试点管理办法》，规定三类上市公司可公开发行优先股，并允许非上市公众公司也可非公开发行优先股。这意味着，在不久的将来，类似于欧美国家那样的双层股权结构也将在中国逐步成为现实。

第四节　案例解析：俞敏洪的股权分配技巧

新东方自创立以来，就以语言培训为核心，拥有短期培训系统、高等教育系统、科技产业系统等多个发展平台，成为集教育培训、教育软件研发等于一体的大型综合性教育科技集团。新东方从一个民营企业发展为在美国纽交所上市的中国教育服务机构，从早期一直平稳走到现在，与创始人俞敏洪的股权分配技巧是分不开的。

新东方是俞敏洪一手创立的。但在单干了 5 年后，俞敏洪意识到，想把新东方做大做强，单靠个人的力量是不行的。于是，他拉来同学徐小平、王强一起创业。三个人合作，正好形成了资源上的互补。徐小平和王强是海归，他们的英语水平、对西方的文化了解远比俞敏洪好。但是俞敏洪也有比他们强的地方，比如出面与政府主管机构沟通时，他们无能为力，俞敏洪却做得游刃有余。

新东方的合伙方式，与“包产到户”十分相似：俞敏洪把新东方分成几个板块，比如王强做口语，徐小平做出国咨询，他自己做考试。就是在新东方的招牌下，各自做各自的，各自拿各自的钱。这样的合伙，是一个非常松散的合伙制。

随着新东方的发展，俞敏洪发现，松散的合伙制度会导致效率低下，一定要建立严格的股份制结构。起初，俞敏洪和两个合伙人想得比较简单，三个合伙人，每个人拿 33% 的股份，合起来就是 100%。有钱大家分，大家一起发财。

但是，俞敏洪很快就发现，不能搞平均主义，因为每个人干活并不是一样多，为公司带来的贡献也不一样。当时新东方合伙人除了徐小平和王强，还有很多重要的人。到底每个人应该占怎样的股份，他们花了很大的力气，根据大家过去在这个领域中所做的贡献分配了股权。

股权分完之后，又出现了新的问题。俞敏洪的老大地位不可动摇，但是徐小平和王强，为了谁当第一副总裁谁当第二副总裁打了起来。俞敏洪后来总结说，合伙人在一起，很容易出现不符合现代企业的管理规范，大家互相抢的是面子，而不是抢着该怎么做事情的问题。最终，俞敏洪用了足足 4 年时间，才将问题彻底解决，让新东方变成一个确确实实的股份制公司。

一、以代持股份吸引第二代管理者

在分股份的时候，俞敏洪分到了 55% 的部分，但是他发扬了一下老大的风格，将 10% 的股份拿出来作为代持股份。他认为，新东方未来肯定需要新的管理者，而这 10% 的股份正是为他们预留的。

当时合伙人之间形成了一个封闭的系统，把所有的利益都占了，其他有才能的管理者进来时，是没有利益可分的。俞敏洪觉得自己占 55% 的股份，拿出 10% 的股份，也是值得的。

其实新东方在分股份之前，100% 都是俞敏洪的。分股份的时候，新东方的净资产有 1 亿人民币，全都是俞敏洪的财产。俞敏洪认为，他把股份分给了合伙人，那合伙人就应该把这 1 亿元还给他。比如合伙人拿到 10% 的股份，就应该给俞敏洪 1000 万，这本身很公平，因为就是原始股价。但是这帮小股东联合起来对俞敏洪说：股份我们要了，钱我们没有，如果你不给我们股份，那我们就走了。俞敏洪没办法，只好把股份白白送给了合伙人。

俞敏洪把自己的利润放在新东方，用来推进公司的发展，其他的小股东则将自己的利润拿走。后来因为新东方的目标是要做大做上市，发展战略有了改变，小股东们也要把利润放在公司用来促进公司的发展。而这一措施又让许多小股东产生了不满，并进一步引发了利润分配的矛盾。

许多小股东都认为，新东方虽然名气很大，股票却并不值钱。可当俞敏洪提出要他们交回股份时，小股东们又表示俞敏洪应该出资购买。在购买价格上，俞敏洪打算按照新东方原来的资产价格，也就是 1 亿的价格购买，每 1% 的股份价值 100 万；可小股东们却在俞敏洪准备好收购后又决定不卖：反正已经定价了，最后我们什么时候给你，你至少出 100 万的 1%。小股东们拿着股票没放手，一直到新东方上市。如今，这 100 万已经增值到 3 亿人民币。

俞敏洪拿出的 10% 股份，相当于后来上市时的 1000 万股。后来，这

1000 万股真的发挥了巨大的作用，为新东方吸引了第二代管理者。

二、以合理的股权增发机制激励每个人才

俞敏洪说：如果大家在一起合伙的话，一定要有一个机制，先上来大家分好股份，紧接着设置一个对干得最多的人增发的机制。

新东方上市时，俞敏洪用 50 万股、100 万股，甚至 10 万股就可以招到优秀的管理者，新东方的第二个管理梯队，几乎都是那 1000 万股招进来的。新东方每年都有期权，俞敏洪每年申请期权，发给贡献大的人，谁的贡献越大，就得到的股权就越多。

俞敏洪认为：合伙制企业也好，创业也好，一开始要设立一个股权激励机制，不是那么容易的事情。

新东方在上市之前没有增发股份，因为俞敏洪预留的 10%，正好在上市之前用完。新东方上市以后，就开放了公开的期权发放机制，就不需要俞敏洪再去重新内部增发股份。所以，如果合伙人一起创业，一定要有一个机制，合伙人要先分好股份，紧接着再设置一个对干得最多的人增发的机制。

后来，俞敏洪的几个大学同学也合伙创业，而俞敏洪也根据自己的经验为他们设计了一套股权增发机制。在这套股权增发机制的支持下，他们的公司几乎从未因利益分配而产生过纠纷。每到年底的时候，他们就会根据干活的多少来进行增发。比如一个合伙人刚开始占了 40% 左右的股份，但是他除了投钱什么也没有干，后来他的股份就被稀释到了 20%。但是另外一直在努力干的合伙人，每年都要增发，增发到最后，原来一个占到 10% 股份的合伙人，

后来已经被增发到了30%。

俞敏洪认为，合理的股份增发机制，既可以合伙不散，也可以让对公司贡献大的人在公司的权利慢慢地不断增加。这样的公司，就会有一个比较稳定的发展环境。

第四章 如何打造完美的商业计划书

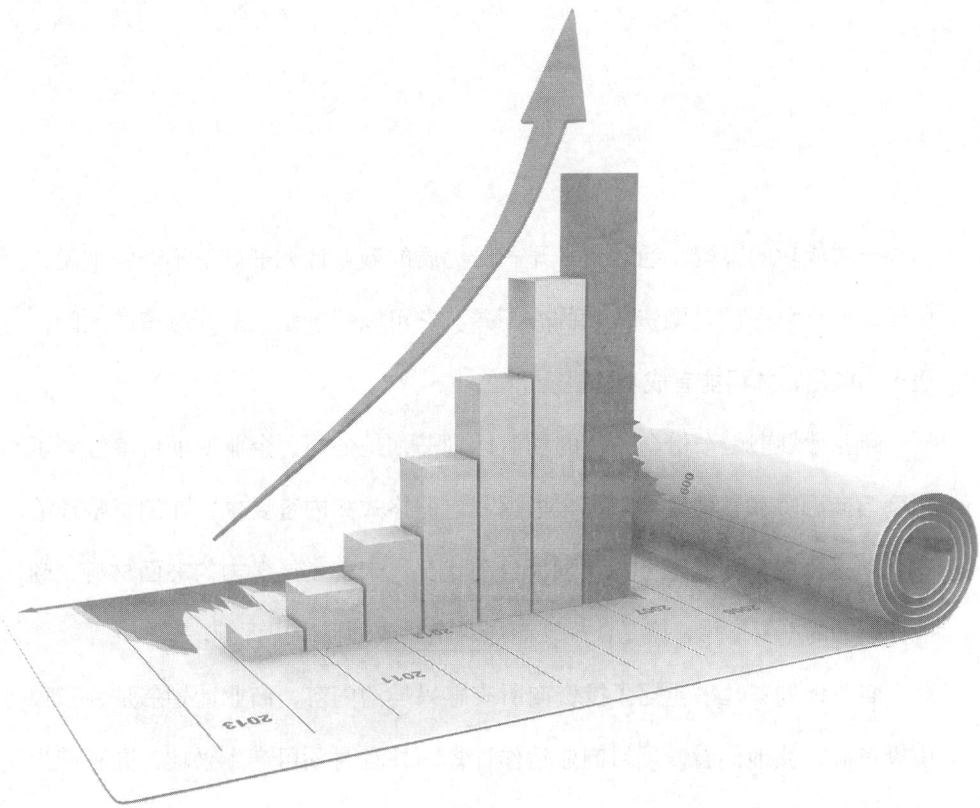

第一节　商业计划书是融资成功的敲门砖

一次成功的融资，绝对离不开一份优质的商业计划书。毫不夸张地说，优质商业计划书就是融资成功的敲门砖。它可以帮创始人敲开融资的大门，迈入门槛后，才可能有成功的机会。

商业计划书是一份全方位的项目计划书，是公司、企业或项目单位为了达到招商融资和其他发展目标，根据一定的格式和内容要求；而编辑整理的一个向投资商全面展示公司和项目目前状况、未来发展潜力的书面材料。商业计划书的主要作用，就是让投资商能对企业或项目做出评判。

商业计划书几乎包括了投资商所有感兴趣的内容，商业计划书是为了吸引投资商，让他们看懂项目商业运作计划，并且对项目产生兴趣，同时产生投资的意向，让公司的融资需求成为现实。

很多中国企业在国际上融资成功率不高，不是项目本身有问题，也不是项目投资回报率不高，而是项目方商业计划书没有满足投资商的需求。商业计划书的策划和编写就如创业本身一样，是个复杂的系统工程。商业计划书制作团队成员，不但要对行业、市场进行充分的研究，还要有深厚的文字功底。

商业计划书应浓缩企业的精华，反映企业的全貌。它必须能引发投资商的兴趣，并让他们渴望得到更多的信息。

获得投资机构的投资是所有创业公司的重要需求，目前的经济环境中，只有迅速获得资本支持的创业型企业，才有可能在竞争激烈的市场环境中迅速崛起，依托并购扩张，占据垄断的市场地位。尤其在互联网行业，任何一种新的商业模式出现后，如果创业公司不能在短时间内获得市场领先地位，那么它就会失去市场先入者的优势，最终会被其他竞争对手取而代之。因此能否获得资金支持并迅速占据市场领导者地位，对于创业型企业的生死存亡起着极其关键的作用。

优质的商业计划书，可以迅速帮助创业公司引起投资方的兴趣，也会让潜在投资机构有意愿与创业团队直接沟通，并且愿意进一步了解企业的核心商业模式。

商业计划书除了满足融资需要之外，也可以帮助创业团队重新审视公司的运作模式是否正确，梳理出具有可操作性的未来发展方案。企业成功融资，投资方的资金到位后，创业团队就能将商业计划书的发展规划实际执行下去，让公司按照规划的步骤有条不紊地发展下去。

第二节 商业计划书的基本结构

就如没有一种科学而完美的管理模式适用于每一家公司一样，没有一种商业计划书能够适用于所有的融资企业。行业不同、环境不同、针对的投资机构不同等因素，都决定了融资企业应该根据自身的具体情况制定有效的商业计划书。

商业计划书的形式虽然有所不同，但主要结构基本都是一样的。从总的结构方面来看，所有的商业计划书都应该包括摘要、主体和附录三个部分。

一、摘要

摘要是整个商业计划书的高度概括，从某种程度上说，投资方是否对项目有兴趣，摘要部分起着决定性的作用。因此，摘要部分的语言应该精确凝练。

二、主体

主体是商业计划书的重要组成部分，这部分所展示的内容一定要翔实，在有限的篇幅之内充分展示项目方所要展示的全部内容，让投资者获取他最感兴趣的信息。按照一定的次序，主体部分一般包括以下几个方面的内容：

1. 公司简介

简单扼要介绍公司的基本情况，包括发展方向、产品性质以及财务情况等，让投资方对公司有一个大概的了解。

2. 项目简介

简单直白地说明项目的优势，比如目前市场上在某个方面存在一个空白点或者问题，而这个项目恰好能填补这个空白、解决这个问题。问题表达清楚即可。若是太过长篇大论，反而会引起投资方厌烦。

3. 项目优势

针对市场空白点或者问题，提出具体的解决方案，以及产品的特点和优势。

4. 营销

介绍产品面对的用户群有哪些，以及产品市场营销策略、公司销售团队情况以及销售策划等内容。

5. 突出核心竞争力

说明产品项目的核心竞争力，让投资方了解为什么产品项目能够在竞争中胜出。如果你的项目谁都可以做，那么投资方为什么要投资给你？要说明你项目的核心竞争力是什么，有什么与别人不同的地方，项目的亮点在哪里。

6. 市场分析

通过具体的数字和图表，有力地论证一下这个市场有多大，未来的发展趋势如何等，以及这个行业有没有其他人在做同样的产品。强调产品“绝无仅有”，会引发投资方的怀疑。有同行在做这个产品并不可怕，重要的是要对市场当前情况有准确的认识，对自己产品的优劣势也有个客观的分析。

7. 彰显产品价值

彰显产品价值，就是让投资者了解到你的产品到底在哪方面最有价值。比如，产品未来会有数以亿计的用户群，会带来丰富的利润等。可能有些创业者不了解产品未来应如何变现，但不必担心，只要产品前景广阔，投资方自然很乐于帮助你去进行发掘。

8. 财务分析

简单地预算一下半年或者一年之内项目需要多少钱，这些钱都会花在什么具体的地方。不过，不要去计算未来可能产生的利润，因为这样可能会产生吹嘘之嫌。

三、附录

附录起到锦上添花的作用，因为篇幅限制，有些内容在主体部分只是点到为止，不能详细地阐述，就可以把需要提供的参考资料放在附录部分，以供投资方阅读时参考。

附录部分不能太长，将关键信息简单说明即可，以增加正文说服力为目的。

第三节　优质商业计划书必须具备的八个因素

没有所谓的 BP（Business Plan，商业计划书）专家，只要了解商业计划书的基本结构，并且善于不断地总结和改进，写出一份优质的商业计划书其实并不难。优质的商业计划书，一般都要具备以下八个因素。

一、最好亲力亲为

创业者最好自己撰写商业计划书，或者和创业团队成员一起撰写，不要让别人代劳。别人如果能做到 80 分，能做到满分的只有自己。商业计划书其实也是创业团队表现自我的机会，尽量地表现自我，才能更好地把握成功的机会。

二、不要迷信模板

作为投资方来说，每天都会收到大量的商业计划书。很多人都习惯从网上搜索一个标注的模板，改动几个数据就发给投资方。试想一下，如果投资方看到的商业计划书几乎都如出一辙，很快便会厌烦。要想让你的商业计划书脱颖而出，你就必须讲一个与众不同的故事，必须有自己独特的叙述思路和呈现方法。所以，一味地迷信模板并不可取。

三、呈现投资人想知道的所有内容

在写商业计划书之前，要先了解投资人一般都比较关注什么内容，然后有的放矢，把投资人想知道的都在商业计划书中呈现出来。一般来说，投资人关注的要点有用户数、日新增、使用频率、竞品情况、未来发展方向与空间等。不同的行业，可以根据不同的情况来叙述。

四、切忌冗长

投资方的时间和耐心都特别有限，动辄数十页的商业计划书，洋洋洒洒的长篇大论，往往只会让投资者失去耐心。提纲挈领高度概括，把投资方想了解的内容表现出来就行了，大简至上，切忌千头万绪不分主次的长篇赘述。

五、忌用描述性语言

尽量少用描述性语言，多提要点和关键词。切忌带有过多感情色彩，甚至把一些网上文案复制粘贴作为计划书正文。要记住，投资人的时间和耐心是有限的，太多与产品项目不相关的内容，会让投资人失去兴趣。

六、用好数字

一般来说，投资方对数字和图表都比较关注，如果你的数字和图表全都处在良好的上升通道上，那投资方就会对项目抱有极大的兴趣。这些数字包括用户数、日新增、收入情况等。当然所提供的这些数据必须真实可靠，投资方对数字心思都很敏感，他们很容易就能辨别数字的准确度。

七、与国外同类企业对标

创业者可以通过对标企业，让投资方对自己更信服。如果国内没有相应的对标企业，那么就拿出国外的例子来，优质的创业团队一定要具备国际化视野，学会从成功企业那里汲取经验。因为国外很多成熟的商业模式已经被验证，如果在简单对标的基础上，再进行更进一步的探索，以 A+B 的模式会更吸引投资方。

八、切忌不切实际的夸张

有很多人写商业计划书，动辄就会出现“预计明年收入 100 万，后年收入 1000 万，第三年上市”“我们会成为下一个阿里巴巴”之类的不切实际的幻想。这样的吹嘘不仅会让投资人内心起疑，更会让投资人怀疑创始人的个人品质。没有诚信的创始人，是不值得合作的。

第四节　投资人对商业计划书的五大期待

知彼知己方能百战百胜，要想让商业计划书能打动投资人，就要了解投资人对商业计划书的期待是什么。投资人一般期待在商业计划书中能得到以下五个方面的信息。

一、行业特征

行业特征是通过对市场和行业的分析总结出来的，投资人期待得到市场需求、竞争程度等相关的信息。

1. 市场规模

公司未来的成长空间以及投资机构的回报，都依赖于目标市场有多大。比如在消费品行业，一般情况下，领先的公司市场份额会占到 20% 左右，因此在这个市场发展的项目，其天花板有多高是可以估算出来的。

2. 市场的成长性

除了市场规模，市场是否有持续的成长空间同样重要，结合相关数据以及市场生命周期进行分析，比较容易得出结论。除了常规的分析，市场是否可以形成一个占有率较高的参与者，也特别重要。

3. 行业结构分析

行业结构一般涉及资本结构、竞争结构以及供应链体系等，这些都是产生壁垒的核心。进行行业结构分析，是为了理解行业是否可以产生壁垒，是否能让公司具有持续增长性。

二、商业模式

投资人往往会根据企业的商业模式预测其前景，这是关键的投资驱动因素。商业模式对公司发展的影响，最主要的因素是核心竞争力。值得注意的是，不要试图用一句话来表达自己的核心竞争力，比如“我们的核心竞争力是有500强客户”“我们的核心竞争力是成本控制”之类的语句，要进行有力的展示和说明，让投资人自己得出你想表达的核心竞争力，这样比较有说服力。

三、公司团队

投资就是投人，公司团队是很多投资人关注的对象。有很多资深的投资人，都很认同这一点。在中国，有无数占据了行业先机的团队，由于管理问题最终折戟沉沙。因此，投资机构期待通过商业计划书，了解企业是否有一个经过磨合、比较精英的创业团队。不同的投资人，喜欢的创业团队也不同：有的喜欢有海外背景的，有的喜欢有丰富经验的，有的喜欢有开拓精神的……但是投资人都比较关注的一点是，创业团队是否对自己的创业项目有足够的坚持与认可。

四、财务数据

关于财务数据，投资人最关心的自然是利润，因为利润代表着企业的盈利能力。创业项目暂时没有利润也很正常，重要的是要让投资人看到盈利的可能性。如果创业项目处于负利状态，商业计划书就一定要体现出未来会通过什么方式实现盈利。除了利润数据，投资人还比较关注企业资产的流动性，落实到报表上，就是公司现金流的情况。

投资人审阅数据时，会特别关注数据的整体性。比如京东，在吸引今日资本等风投进行投资时，虽然利润数字并不好看，但京东正处于快速扩张期的事实还是让风投机构最终选择投资。而与京东同期的一家电商，虽然现金流表现十分抢眼，但收入却大多来自于几家规模较大的采购方，其传统的供应模式短期内很难得到改变。最终，这家企业没能得到投资人的青睐。

五、投资收益和风险评估

投资人在决定投资前，要根据对项目的理解，进行收益和风险评估。在商业计划书里，有一些信息对投资人这方面的评估非常重要，比如融资规模和估值、股权结构、资金的用途等。投资本身就具有极大的风险，投资人都有充分的风险意识。在商业计划书中，可以主动提出一些风险，至少代表了创业者的风险意识以及关于这方面的思考。值得注意的是，既然提出了风险，就一定要有相应的风险控制方案，这样会让投资人感到放心。

第五节 避开商业计划书的雷区

撰写商业计划书的时候，一定要避开给投资人带来不便、引起投资人反感的雷区。

一、图文结合，避免长篇“论文”

目前，大部分企业的商业计划书都采用幻灯片格式。投资者的时间和耐心是有限的，一份制作精美、内容简洁明晰的幻灯片的吸引力，远比洋洋洒洒数万言的文档要高。

不过，精美并不意味着华而不实。过分华丽却缺少实际内容的图片，说服力反而不如一段简洁的文字。而动画效果更是需要尽量避免出现的，过于繁多的动画效果会让投资人眼花缭乱，反而无法抓住重点。此外，幻灯片的制作也要注意适应移动设备，方便投资人能够随时查看。

尽量不要在幻灯片中插入视频。投资人都很忙，几乎一整天都在外面奔波，移动办公是其重要的办公场景，所以商业计划书的文件应该尽量小，方便投资人随时查看。而过多过长的视频，往往会造成文件过大。

二、数字并非越多越好

市场分析不是罗列数字，重要的是要表述这些数字和项目的关系。如果只是把咨询公司的数据和图表粘贴进来，那反倒成了干扰和噪音。投资人关心的不是这个行业有多大，而是你的市场占有率有多大。

特别需要注意的是，关键的数字不要隐瞒。有很多项目方担心自己的商业计划书会被竞争对手看到，泄露了融资额度。其实融资金额对于竞争对手没有多大的作用，如果不在商业计划书上说出项目需要的融资额，投资人就不清楚你需要的融资额度是否在自己的投资范围之内，反倒有可能错失交易机会。

三、不要对竞争对手避而不谈

投资人常年奔波看项目，所以对你的竞争对手应该有一定的了解，所以要在商业计划书中分析竞争对手的产品，掌握他们的发展动向，以此证明你对行业了如指掌。

第六节　私人订制商业计划书

商业计划书是给投资人看的，不同的投资人喜欢不同的商业计划书。据说，如果是写给徐小平看的商业计划书，在概念上要有趣好玩，才值得他去品味一下。否则，商业计划书就是摆出再多的数据，也不会引起他的注意。比如写给雷军看的商业计划书，就要满足他对创业者的七点要求，否则就会被认为是浪费时间。孙正义则是只要认可你后，就硬塞给你足够的钱，提高你对手的竞争难度，然后让他们知难而退。

一般来说，投资人主要分为以下几个类型。

一、保守型

这类投资人是最常见的，他们的投资基准更接近于实体，而不是泡沫。他们考虑的是投入和回报，算计着多久才能收回成本，多久可以盈利，投资的风险有多大。

写给他们看的商业计划书，一定要做好数字上的功课，商业计划书里要用更多的图表，让他们了解到企业发展的每一个阶段。

二、感性派

这类投资人虽然也了解一些投资的相关知识，但缺乏投资经验却让他们难以理性地进行投资，因此投资失败的概率也相对较高。这类人不能很理性地分析项目，他们更多的是崇拜和盲从一些名人。他们往往是通过人脉关系上的项目赚钱，与专业的投资人相比存在着一定差距。但是，这一类投资人在投资时往往比较爽快，对一些近况并不是很好的公司也会有雪中送炭的投资。

想要迎合这一类投资人，就要在商业计划书中突出文化和企业精神，有时也要注重突出团队的专业性。此外，商业计划书中不要引用太多的概念性表述，尽可能让投资人更好地理解项目的优势。

三、成功人士转型

这类投资人在其他行业有成功的经历，对投资也有一定了解，但相比于专业的投资人还是欠缺一些相关的专业知识。在展示商业计划书时，既要展示团队的专业性，让投资人了解到团队在这个项目上有着专业优势；又要让他明白项目虽然专业，但操作却十分简单。

对于在 IT 行业有成功经验的技术人士，商业计划书则要关注他们对于企业长期战略计划的兴趣。针对他们的计划书，一定要突出市场够大，需求客观存在，要竭力迎合他们的战略部署。同时，要注意在计划书中体现公司在技术方面的严谨，避免产生不良印象。

第五章 如何对公司进行价值评估

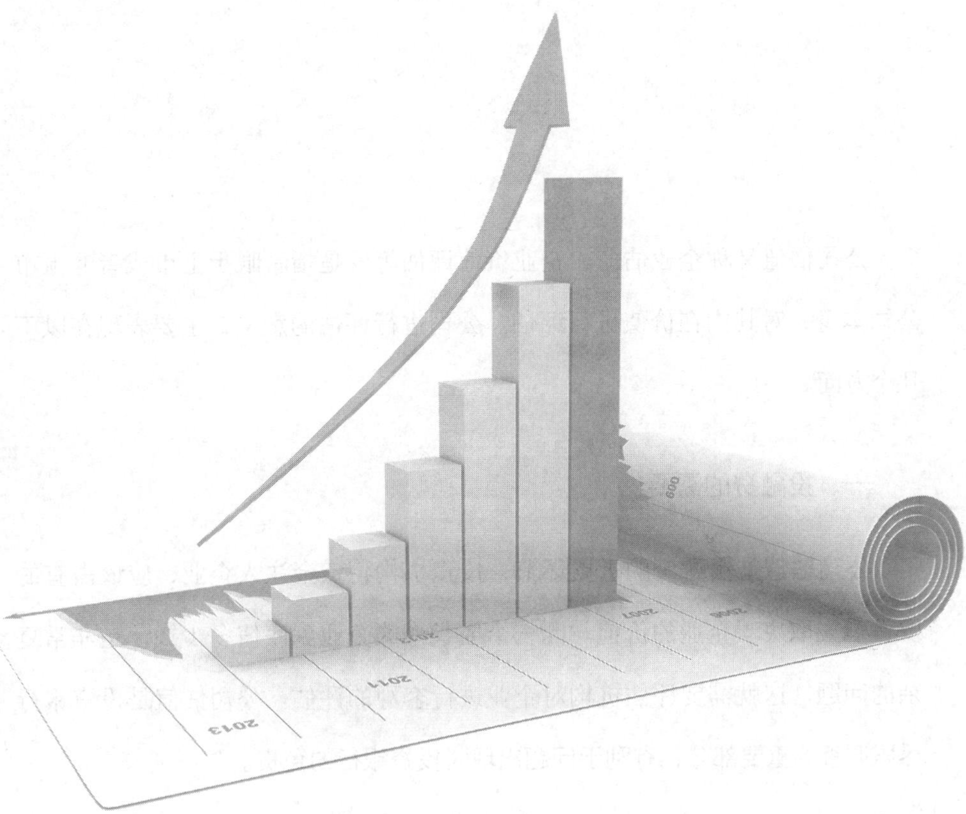

第一节　公司估值的意义

公司估值又称企业估值、企业价值评估等，是指着眼于上市或者非上市公司本身，对其内在价值进行评估。公司进行评估的意义，主要表现在以下几个方面。

一、投融资的需要

公司估值是投融资的重要环节，投资机构将资金注入企业，应该占有的权益首先取决于企业的价值。而一个成长中的企业到底值多少钱，是非常复杂的问题，这就需要评估机构对企业进行客观的评估。公司估值是投资银行尽职调查的重要部分，有利于问题出现时投资银行的免责。

二、管理的需要

在企业的经营决策中，企业价值评估有很重要的作用。企业价值最大化，是企业财务管理的目标。是否能增加企业价值，是经营决策是否可行的重要衡量标准。

价值评估可以用于投资分析、战略分析和以价值为基础的管理；可以帮助经理人员更好地了解公司的优势和劣势。通过对企业估值，公司的决策者了解了企业的真实价值，就可以做出科学的投融资决策，不断提高企业价值。

三、并购的需要

企业在并购过程中，投资者希望从企业现有经营能力角度或同类市场比较的角度，去了解目标企业的价值。投资者就需要评估师提供和股权价值相关的信息，以及目标企业与本企业并购能够带来的额外价值。

四、投资决策的需要

随着市场经济的发展，在企业改制、兼并、上市等各种经济活动中，以有形资产和无形资产形成优化的资产组合，然后作价入股已经是一种非常普遍的现象。合资、合作者在决策中，需要把无形资产量化，这就需要评估机构对无形资产进行客观、公正的评估。评估机构的评估结果，是投资方和被投资方谈判的重要依据，也是被投资方确定其无形资本入账价值的标准。

五、核清企业资产的需要

对任何一位创业者来说，知道自己公司的具体价值，并且知道这些价值是如何估算出来的，是非常重要的事情。在计划经济体制下，企业一般会加强有形资产的管理而忽略无形资产，在市场经济体制下尤其是一些高新技术产业，无形资产已经受到重视，被认为是企业的重要财富。创业者了解企业的真实资产，就可以据此加强企业的管理。

六、董事会、股东会了解生产经营活动效果的需要

在我国现阶段，会计信息失真、信息质量不高，影响了企业财务状况和经营成果的真实体现。因此，企业的实际价值并不等于企业的账面价值。公司管理层以财务报表来衡量公司的经营成果，是一种片面的做法。公司管理层推行以价值评估为手段的价值最大化管理，是推动公司发展的重要手段。

七、增加企业凝聚力的需要

企业价值评估是强化企业形象的重要手段，通过价值评估，企业可以向外传达自身的健康状态和发展趋势。同时，企业向内也可以向员工传达企业信息，提高员工对企业的忠诚度，达到凝聚人心的目的。

第二节　公司估值的常用方法

企业进行股权融资时，估值是不可避免的环节。企业估值是一门大学问，评估机构需要运用大量的理论工具，才能准确地对企业进行估值。而且，即使是同样的理论，采用的具体指标不同，估值方法也不尽相同。一般来说，估值方法主要有以下几类。

一、可比公司法

进行可比公司法估值时，首先要挑选与非上市公司同行业可比或可参照的上市公司，以同类公司的股价和财务数据作为依据，计算出主要财务比率，然后用这些比率作为市场价格乘数来推断目标公司的价值。P/E（市盈率，价格 / 利润）、P/S（价格 / 销售额）等都是推断价值时常用的比率方法。

目前在国内投资市场，P/E 法是比较常见的估值方法。通常我们所说的上市公司市盈率有两种：历史市盈率，即当前市值 / 公司上一个财务年度的利润（或前 12 个月的利润）；预测市盈率，即当前市值 / 公司当前财务年度的利润（或未来 12 个月的利润）。

投资人做投资，是投资公司的未来，是根据公司的未来经营能力评估目前的价值。因此，P/E 法的估值方法就是：公司价值＝预测市盈率 × 公司未来 12 个月利润。其中公司未来 12 个月的利润，可以通过被评估公司的财务预测进行估算。这一方法的关键，就在于预测企业的市盈率。

一般说来，预测市盈率是历史市盈率的一个折扣，比如说纳斯达克某个行业的平均历史市盈率是 40，预测市盈率就是 30 左右。对于同行业、同等规模的非上市公司，参考的预测市盈率为 15 ～ 20。对于同行业且规模较小的初创企业，参考的预测市盈率就是 7 ～ 10。

对没有利润的初创公司进行估值时，就不能用 P/E 法了。这时可以用 P/S 法来进行估值，估值方法和 P/E 法大致一样。

二、可比交易法

用可比交易法估值，挑选的可比对象，是和被评估公司同行业且在估值前一段合适时期被投资、并购的公司。以可比对象融资或并购交易的定价依据作为参考，得出一些相应的融资价格乘数，对目标对象进行估值。比如 B 公司需要价值评估，和它在业务领域相同的 A 公司刚刚获得融资，B 公司在经营规模上比 A 公司大一倍，那么 B 公司的估值就应该是 A 公司估值的两倍左右。

三、现金流折现法

巴菲特曾说，他买股票时，就是通过对未来现金流进行折现，来对公司估值。所谓的现金流折现，就是通过预测公司未来自由现金流、资本成本，对公司未来自由现金流进行折现，公司价值即为未来现金流的折现值。

使用现金流折现方法为企业估值，要涉及现金流和折现率两个变量。因此在使用现金流折现方法时，首先要合理地预测现金流，要考虑影响企业未来获利能力的各种因素，客观、公正地对企业未来现金流做出预测。其次是选择合适的折现率，选择折现率是根据评估人员对企业未来风险的判断，因为企业经营存在不确定性，对企业未来收益风险的判断至关重要。当企业未来收益的风险较高时，折现率也应较高，反之，折现率也应较低。

简单地说，我们有了现金流，又有了折现率，通过现金流折现模型就可以求出资产的价值了，资产的价值等于所有的未来现金流经过折扣后的现值的总和。

作为评估企业价值的方法，现金流折现法很好地体现了企业价值的本质，因此更适合并购评估的特点。与其他企业价值评估方法相比，现金流折现法最符合价值理论，能通过各种假设，比较准确地反映企业管理层的管理水平和经验。

尽管如此，使用现金流折现法对企业进行估值，也有一些不足的地方：从折现率的角度看，这种方法不能反映企业灵活性所带来的收益，所以这个方法不适用于企业的战略领域。其次这种方法没有考虑企业项目之间的相互依赖性，也没有考虑到企业投资项目之间的时间依赖性。另外使用这种方法结果的正确性，完全取决于假设条件的正确性，在应用时切不可脱离实际。

如果遇到企业未来现金流量不稳定的情况，就不能用这个办法对企业进行估值了。因为初创公司的预测现金流有很大的不确定性，现金流折现法是处理预测风险的最有效的方法，初创公司的折现率比成熟公司的折现率要高得多。

初创公司的资本成本大概在 50% ~ 100% 之间，成熟的创业公司的资本成本为 30% ~ 50%，更加成熟的创业公司，资本成本为 10% ~ 25%。因此，现金流折现法比较适用于比较成熟、偏后期公司的估值。

四、风险投资家专用评估法

这种评估方法，是现金流折现法和倍数法的综合。具体做法：用倍数法估算出企业未来一段时间的价值，比如 5 年后价值 2500 万；确定投资者的年投资收益率，算出投资者在相应年份的价值。比如投资者要求 50% 的收益率，投资了 10 万，5 年后的终值就是 75.9 万元；最后用投资者投资的终值除以企业 5 年后的价值，就会得到投资者应该拥有的股份是 75.9 ÷ 2500=3%。使用这种评估方法，关键在于要对企业未来价值估算准确。

五、资产法

使用资产法对企业进行估值，就是用公平的市场价值来评判公司所有的实物资产。这个方法给出了最现实的数据，一般情况下，是以公司发展所支出的资金为基础。使用这种方法的不足之处在于，假定价值等同于使用的资金，和公司运营相关的所有无形价值都没有被投资者考虑进去。同时，公司未来预测经济收益的价值，也没有被考虑进去。所以，使用这种方法对公司估值，结果是最低的。

第三节　如何对初创企业估值

初创公司对于资金的渴求，往往都比较迫切。投资者一旦对初创公司表示出兴趣，就必须要面对企业估值的问题。但是，由于没有企业估值的经验，创业者要么在这个问题上陷入被动，要么报价过高吓退投资者。因此，创业者要熟知一些企业估值的方法，方便自己在融资时更有底气。

一、估值的五条常用经验

1. 专利价值

专利和商标的价值是没有认证的，尤其是临时使用的专利和商标。初创公司可以积极地将公司的软件算法申请专利。一些投资者经常会将专利简单地折算为 100 万美元，专利越多，公司的估值自然也越高。

2. 团队价值

初创公司的专业技能都是非常有价值的，比如在互联网鼎盛时期，一些初创公司因为有全职专业的程序员、工程师或设计师而为公司增加了不少估值。投资者往往都会青睐拥有专业团队的公司。

3. 早期客户和已有的合同

公司和客户的合同关系也具有价值，其中包括正在谈判中的合同。正如认购金额一样，这些合同和客户会产生定期的收益，不必每次都转售。

4. 市场规模和细分市场的增长预测

如果经分析师分析得出，未来的市场更大，经济增长预测高，那么公司估值就高。在具有丰富经验、重视未来战略的投资人眼中，这是十分重要的一点。

5. 评估直接竞争对手的数量和进入壁垒

市场的竞争力对公司的估值也有很大的影响。如果初创公司能证明自己比竞争对手具有强大的优势，公司就应该要求估值的主动权。

二、估值的六条注意事项

公司估值不是一件容易的事，并没有固定的模式可循。对于创业者来说，对自己的初创公司进行估值时，一定要考虑以下几个方面的问题：

1. 要有专业法律人士的帮助

评估对初创公司会带来长期性的影响，聘请一名专业律师，可以向创业者解释，在特定时间评估公司价值能够带来的好处和弊端。律师还可以帮助创业者谈判，帮助初创公司获得最高的估值。

2. 创业公司的业务周期

给初创公司的业务周期建模，是一件很重要的事情。在业务周期开始之前，公司通常需要经历数轮投资。创始人要计算每个阶段需要多少资金，公司在完成数轮投资后股权会被稀释多少。考虑好这些问题之后，创始人就知道公司在早期阶段大概需要达到多少估值。

3. 估算公司盈利的持续时间

估算公司价值时，公司目前的盈利能够持续多久，是影响公司价值的关键因素。潜在的收购方和投资者都想知道目标公司，在未来能够获得多少收入，以及公司收入会在何时得到增长或发生明显的变化。创始人可以通过分析研究宏观经济、消费者信心以及市场发展趋势，来估算目前公司盈利能够持续的时间，这样投资者就可以从长期角度来考虑投资事宜。

4. 投资者的质量

创始人要考虑投资者能给初创公司带来多大的帮助，这将对公司的估值产生重要影响。如果潜在投资者不仅会投入资金，还会为公司提供更多的支持，比如投资者能够凭借他们的社会地位为公司提供无形的帮助。那么，即使能够融到的资金较少，也应同意进行融资。

5. 是否有其他投资人竞争

如果除了投资者，还有其他风投公司对同一家初创工作产生了兴趣，那么投资者就会认为这家初创公司有利可图。理解投资者的工作方式对融资至关重要，同时也会影响企业估值。初创公司在一轮融资中，投资者的个数是有限的。所以创业公司越受投资者的欢迎，估值就会越高。

6. 成长潜力

在融资阶段，一些初创公司只会提到成长的潜力，比如未来市场广阔等。但是还有一些初创公司已经显示出自己的成长了，比如客户数量正在逐月快速地增长。公司成长轨迹能够为预测未来收入提供依据，所以在估值过程中，成长也是关键的因素。

第四节　美国在线并购时代华纳
——从“极为明智”到“最糟糕的并购”

2000 年 1 月 10 日，美国在线以创下当时纪录的 1850 亿美元并购了时代华纳。这次并购，在当时的人们看来，是一次“极为明智”的并购案。许多企业都担心，自己的公司会被甩在后面。可是十多年过去后，这次并购案却成为史上最糟糕的并购案例。是什么让这次并购的评价在短短几年时间便急转直下？

一、从辉煌到惨痛失败

让我们把时间退回到 2000 年。当时，互联网公司是市场的“宠儿”，它们的一举一动，都被人们认为是正确的。而作为当时的龙头企业，美国在线的每一次操作，都会受到人们的追捧。该公司市值极高，在盼望大赚一笔的投资者的追捧之下，甚至超过了许多蓝筹股。在与时代华纳合并的机会出现之前，时任美国在线首席执行官的史蒂夫·凯斯已经在四处寻找并购目标。

而时代华纳也正在急切尝试开展网络业务，但均以失败告终。美国在线的出现，为时代华纳提供了一条看似完美的出路：通过美国在线，时代华纳将获得一千万新用户；作为回报，美国在线可以使用时代华纳的有线电视网络以及内容，并为后者的业务提供所谓的“用户友好”界面。人们纷纷认为，这次并购将是“革命性的”，未来也必将载入教科书，成为后世公司并购的经典案例。

但是，两家公司在文化方面的整合很快就出现了问题。虽然两家公司聘请了大量的律师等专业人士进行尽职调查，但显然他们并没有注意到企业文化的问题。美国在线的员工雄心勃勃，甚至让人感到有些“自大”；而较为保守且更有组织性的时代华纳，是不能接受这种“自大”文化的。双方的企业文化冲突造成了互相之间的不尊重，而这种不尊重更是引起了双方员工的不和。因此，合作与预期的协同效应都未能实现。

而网络泡沫的破裂则直接让这次并购彻底成为笑话。在并购完成几个月后，网络泡沫即告破裂，经济陷入衰退，广告收入化为泡影。2002 年，美国在线被迫注销了近 990 亿美元的商誉减值损失，订阅用户也不断流失，收入持续下降，市值更是从巅峰期的 2260 亿美元缩水到 200 亿美元。最终，美国在线只能选择与时代华纳分手。

二、估值错误的根源在于优势的迅速丧失

为什么这次当时最大的并购案，会迅速转变为一次惨痛的失败？网络泡

沫的破裂只是导火索，真正的原因，还是两家企业在并购时的估值工作存在着严重问题。那时，美国在线是拨号上网领域的王者，具有巨大的竞争优势；可是，随着宽带上网的出现，速度较慢且不能保持连接的拨号上网立刻就失去了竞争优势。两公司合并时，美国有一半人都可以接入网络，但使用宽带的仅占 3%。美国在线最初的业务模式是按使用收费，随后变成了按月收费，当时这种模式已经处于崩溃边缘。

20 世纪 90 年代末，互联网公司虽然受到热捧，但它们往往不能找到稳定的盈利方式，也没有经过常规市场标准的检验——它们所做的只是每个月大把地烧钱。投资者们对互联网企业的热捧，更是造成企业估值的过分膨胀——比如优步的估值就曾达到了 410 亿美元，而当时美国整个出租车行业的年收入也不过 110 亿美元左右。

充斥了大量泡沫的估值，让投资变得更像是一次赌博。而在技术飞速发展的当下，许多在昨天还受到热捧的技术，可能明天就会被一项新技术所取代。当竞争优势在短期内不复存在时，过高的估值必然意味着惨痛的失败。

第六章 融资谈判有窍门

第一节 机会总是留给有准备的人

在企业融资过程中，融资谈判是决定融资能否成功关键的一环。在融资谈判进行前，创业公司要事先做好充分的准备，以增加自信，降低自己的弱势，更好把握融资的主动性，争取更多有利条件。机会总是留给有准备的人，创业公司准备得越充分，融资谈判成功的概率就越大。

一、了解融资谈判的背景

企业和投资方在沟通与谈判中，往往会产生意见分歧。如果了解融资谈判的背景，分析容易引发双方产生分歧的原因，就会提高沟通和谈判的效率。通常情况下，让双方产生分歧的原因如下：

1. 企业和资金方关注点不同

企业关注的是融资额度、融资成本、融资期限等问题，希望以最低的成本、最简便的手续，在短时间内就融入大笔资金，而且可以较长时间占用这笔资金。投资方则关注的是投资回报率、投资回报期限、投资风险控制等问题。投资方希望项目企业拥有优秀的团队，希望运作的项目拥有高科技含量、有良好的营销渠道和较高的市场份额，希望只需投入一定量的资金，就能让企业成为行业的龙头，希望投资风险小、回报高、可安全退出等。

2. 企业团队的表达水平有限

因为企业团队人员缺乏融资专业知识、沟通技巧、谈判策略等，对项目的表达水平非常有限，在描述中不能充分阐述项目的可行性，不能在第一时间吸引投资方的“眼球”，使得项目失去了融资的最好机会。

3. 融资企业准备的材料不充分

投资方需要根据完整而规范的材料，在不同决策层面间进行信息传递。而融资企业提供的融资项目资料如果缺乏系统性和规范性，甚至对企业未来的发展战略、资金运营、成本控制等没有详细规划，就会造成投资方因为缺少足够的文字材料，而无法详细了解企业的项目。不能了解企业情况的话，投资方一般是不会轻易投资的。

二、确定融资谈判步骤

创业公司和投资方的沟通和谈判，往往会持续较长的时间。事先熟悉融资谈判的步骤，可以保证谈判工作有条不紊地进行。融资谈判的工作流程，通常包括四个阶段。

1. 沟通的准备阶段

（1）资料准备。在融资谈判前，企业需要根据融资资料清单列表，把相关文件打印和装订适量的份数以备使用。同时，要把资料整理成幻灯片，并做好进行演示说明的准备。

（2）团队准备。确定参加陈述与交流的团队人员，并且做好团队人员的具体分工。通常情况下，除了融资主管要参加融资谈判外，创业公司的财务、技术和市场的人员也需要参加谈判，以备投资方进行相关询问。中小企业的成员，大多缺乏融资谈判的经验。为了能让投资方更好地了解企业的运营情况，企业可以考虑推选一位熟悉各方面情况、对融资计划书比较熟悉，而且具有一定沟通能力的人员，作为主要的陈述与沟通人员。

（3）外部资源的准备。为了提高沟通的效率和效果，企业可以借助外部力量参与谈判，比如可以请相关的政府负责人参加，可以借助政府的影响力，提高谈判的效果。

（4）企业现场管理准备。创业公司和投资方沟通的地点，通常会选在企业生产经营现场，以便到现场参观。所以，企业一定要对生产现场和管理现场进行很好的部署，让熟悉现场情况的人员做好介绍情况的准备。

（5）模拟演练。企业参加融资谈判的团队，如果缺少融资谈判的经验，或者不熟悉融资计划书的内容，在正式融资谈判之前，应该进行融资谈判的模拟演练。演练的目的，是为了能够正确传递企业及项目的相关信息，更好地陈述计划书的内容，避免谈判内容和计划书内容冲突，让资金方产生误解和不信任。

2. 补充完善资料与政策征询阶段

投资方如果对融资项目很感兴趣，提出了一些在现场难以回答的问题，企业就要及时补充资料，或针对这一问题进行法律、政策咨询。

在这一阶段，企业必须要注意：如果判断投资方并没有合作的意向，那么就不要提供太多的资料；如果需要提供的材料涉及企业的商业秘密，可以提供简单的资料或者向投资方说明情况，在进入实质性合作阶段再提供；无论是哪一种情况，企业都需要认真对待，绝不能敷衍了事，更不能以虚假资料欺骗投资人；如果投资方要求提供的资料，需要企业耗费大量人力物力才能完成，企业则要谨慎考虑，并综合判断投资方的目的，再决定是否提供或投入。必要时，企业可以请融资服务机构或有关专家辅助决策。

3. 实质性谈判阶段

进入实质性谈判阶段后，因为投资方的性质不同，需要注意的问题也不同。企业与债权类投资方谈判时，要准备好详细的资料，注意倾听资金方的关注点，认真回答投资方提出的问题，同时也要站在投资方的角度进行换位思考，不要急于求成。

企业和权益类投资方谈判时，要请有经验的人员参与谈判，要事先准备好各种合作模式，不能固守一种合作模式。最好提前设计好合作框架，避免措手不及。对于一些涉及企业重大利益的问题，企业不要轻易表态，以免陷入被动。在谈判初期，创业者不要轻易出面或表态。企业要注意了解投资方的意见和想法，不要轻易放弃控股权。每次谈判都是企业形象的展示，在谈判过程中，要注意展示团队的形象。

4. 签订融资协议

融资协议阶段，是对谈判结果的体现和巩固，也是企业和投资方进行实质性合作的前提。通常情况下，投资方都有固定格式的协议，企业可以在投资方协议的基础上进行修订，以更好地体现双方谈判的成果，保护企业的利益。

融资协议，企业和投资方为明确双方权利义务、协调双方关系的重要法律文件。按照不同的融资性质分类，融资协议可以分为债权类融资协议和权益类融资协议；按不同的融资工具分类，融资协议可以分为票据融资协议、信托贷款协议、融资租赁协议和项目融资协议等；按照不同的融资渠道分类，融资协议可以分为银行融资协议、信托融资协议和融资租赁协议等；按照不同的投资合作方式分类，融资协议可以分为中外合资经营协议、联营协议和投资合作协议等。

第二节　掌握一定的“谈判语言”

在融资谈判中，融资企业和投资方需要沟通的语言内容比较广泛，既包括金融相关的专业知识，也包括投资方了解企业以及融资项目情况的书面材料，还有一些增强投资者信心的相关介绍。因为涉及的知识点较多，双方往往会存在很多“语言障碍”。

一、融资谈判需要的“语言”

很多时候，融资和投资双方的团队成员是完全不同的“两类人”。中小企业的融资团队和投资方的投资团队的人员，往往在背景、年龄、学历、专业、思维方式和行为方式等方面都存在着很大的差异，这导致他们在融资过程中常常不能进行良好的沟通，会产生各种误解、不和谐，导致融资过程进展缓慢，甚至造成融资谈判走向破裂。在这种情况下，就要借助融资服务机构的力量。

融资企业和投资方“信息不对称”。因为信息传递双方存在语言障碍、沟通方式、沟通环境等问题，所以会造成信息丢失、信息漏损和信息误解的现象，而影响信息沟通双方的决策。信息不对称的原因有以下几个方面：

资金供求双方团队在思维方式和行为方式上存在差异。在信息沟通的过程中，语言、语速、情绪不同，传达的信息就不一样；因为双方的空间距离和身份的限制，企业团队和投资方真正能面对面沟通的机会并不多，在很短的时间里，双方很难将关心的问题交流清楚；企业团队方不同层次的人员，在不同时间对项目有不同的理解和表述，在传达和描述中很难给人以令人信服、完整而科学的印象；企业在准备书面材料时，对风险、市场和财务方面的考虑，往往很难让投资方满意。这种信息的不对称，大大增加了沟通的成本，影响融资的进程和效率。

融资企业和投资方表达愿望不同。资金供求双方从自身的利益出发，双方都极力表达自己想要表达的东西。比如企业的专利证书和专利的真实价值、企业的订单数量和销售情况、对市场的调查报告和数据分析等。如果双方表达意愿相差太大，就很难达成意见一致。

综上所述，融资谈判需要一种“语言”，这种“语言”应该是一种工具，能解决资金供求双方的差异，解决信息不对称的问题。

二、“谈判语言”的分类

第一，基础知识类。因为资金供求双方在各方面存在着一定的差异，为了提高沟通的效率，企业必须学习与投资方沟通的“谈判语言”，在知识层面，至少需要掌握以下几个方面：一是专业知识类，包括财务、金融、企业管理等；二是法律法规类，主要包括融资相关的政策法规；三是工作惯例类，主要包括投资方和融资服务机构的工作惯例和工作流程。

第二，资料清单类。很多投资方为了规范工作流程和提高工作效率，都有自己要求的资料清单。投资方的性质不同，资料清单也不同。各类银行、各类投资公司和其他投资方的各类融资工具，都有各自的资料清单。企业在准备融资资料之前，最好能拿到投资方的这些资料清单并认真准备。比如：经年审的营业执照、工商注册登记信息、税务登记证、组织机构代码证、法定代表人证明书、法定代表人身份证、纳税申报表和纳税证明、相关商品交易、基本结算账户开户卡、企业资质等级证书及其他资料等。

第三，申请书类。在通常情况下，申请书都有固定的格式，有的是固定格式的表格，有的仅仅明确了必须具备的内容框架。

第三节　明确谈判内容和要点

创业者和投资人谈判时，除了注意仪表、服饰等外在的商务礼仪外，更要注意充实“内在”的东西，就是要在心里明确谈判过程中将要涉及的问题，要把谈判要点列成大纲记在心里，以便在谈判表述时更有逻辑性和方向性。

一、融资额和估值

在协议文书中，融资额和估值条款是重要的经济因素条款，一般会在一开始就提出来。因为公司估值将决定创业者能拿到多少融资，将要出让多少股权，这直接影响着创业者的切身利益和公司的发展前景。在对融资额和估值进行谈判时，创业者要注意以下几方面的问题：

1. 明确自己公司的估值

创业者要掌握一些基本的估值方法，对公司价值有正确的判断。这样就可以合理规划融资额度、股权出让比例，避免企业被低估让自己吃亏，也可以避免高估自己的价值造成谈判不欢而散。创业者对公司估值心中有数，还要巧妙地让投资方先说出公司的估值；还可以多咨询几个投资方，通过各方面的评估，全面而准确地得到公司的估值。

2. 要真诚谨慎，不要夸夸其谈

创业者谈及公司估值时，要郑重谨慎，不能夸夸其谈，避免为融资谈判带来负面效应。一个稳重而真诚的投资人，更容易获得投资人青睐。

3. 综合考虑影响融资额的各种因素

融资最需要考虑的问题，自然是企业需要多少资金。具体来说，企业要计算债务、需要投资的项目所需的资金，还要考虑企业未来可能面临的风险，最后要考虑公司重要经营节点的资金需求，提前预留充足资金。

4. 合理的报价与高效的资金使用计划

创业者报出的融资金额最好不是精准的数字，而是一个区间范围，留下商量回旋的余地。创业者要告诉投资人，针对不同的融资额，自己拥有不同的使用计划与发展方案。在资金高效利用方面给投资人以丰富的想象空间，包括近期目标的实现、如何利用融资推动公司发展等。

二、决策与管控

1. 如何避免失去董事会的主导地位

在风险投资协议条款清单中，公司治理主要指的是董事会席位设立及其决策权界定的相关条款。合理的董事会，应该能够保持创业者、投资人、创业公司以及外部独立董事之间的平衡，为所有股东创造财富。

为了避免失去董事会的主导地位，创业者要注意以下问题：

不能让投资方来选择独立董事的人选。独立董事最好要让普通股东来推荐，让信任的人做独立董事；如果公司增加 1 个新投资人席位，创业者必须要求增加 1 个普通股席位，以消除投资人夺取控制权的可能性。

2. 如何维护股权利益

第一，清算优先权。清算优先权的实质，就是为投资人提供了在不利情形下的附加保护措施。创业者和投资人就清算优先权谈判可能形成三种结果：一是一倍或几倍优先清算权，附带无上限的参与分配权。这个条款对投资方非常有利，投资人不但可以获得优先清算回报，还可以与普通股股东一起按比例分配剩余清算资金；二是一倍或几倍优先清算权，附带有上限的参与分配权。相对来说，这一条款双方都更容易接受，但在清算优先倍数和回报上限倍数方面容易产生分歧。在通常情况下，双方都能接受的清算优先权倍数是 1~2 倍，回报上限倍数是 2~3 倍；三是一倍优先清算权，无参与分配权。这个条款对创业者很有利，这意味着退出时，A 类优先股投资人可以优先拿回自己的投资额，也可以把自己的持股转换成普通股跟其他人按比例分配资金，而不享有参与剩余收益分配的权利。

第二，反稀释条款。反稀释条款也称反股权摊薄协议，是指在目标公司进行后续项目或者定向增发的过程中，投资人避免自己的股份贬值或被过度稀释而采取的保护措施。该条款的实质就是为优先股确定一个新的转换价格，而并没有增发更多的优先股。

创业者在谈判过程中，应该争取去掉有关防止后续降价融资过程中股份份额贬值的反稀释条款。另外，创业者还要控制反稀释条款带来的风险和不利：

尽量控制完全棘轮条款（投资人过去投入的资金所换取的股份全部按新的最低价格重新计算的条款）的持续有效性。不到迫不得已不要接受完全棘轮条款，如果接受，就要限制其后续生效。比如提出该条款只在后续第一次融资时才适用、在公司达到设定经营目标时去掉反稀释条款等。

尽量设置反稀释条款生效的约束性条件。创业者要力争投资人必须参与后续的降价融资，即争取继续参与权。创业者可以给出条件：要求优先股股东要想获得转换价格带来的好处，就必须参与后续的降价融资并购买等比例的股份。如果某优先股股东不愿意参与，他的优先股将失去反稀释权利。

尽量控制反稀释条款的生效范围。比如可以尽量多地列举例外事项，即某些特定的情况或条件，以控制引发反稀释调整。因此，例外事项越多，涉及的范围越广，对于创业者来说越有利。

第三，领售权。领售权是指投资人有权强制公司的原有股东和自己一起向第三方转让股份，并有权让原股东同意其与第三方达成的转让条件和价格。领售权往往会成为投资人挟制创业者的工具，投资人会利用条款约定强迫创业者接受并购交易。

因此，领售权实质上就是投资人所拥有的“强卖权”。创业者要注意以下谈判要点：

别让投资人完全控制自己。一个有效的办法就是限定收购方范围，降低被收购的概率。比如不允许收购方是创业者的竞争对手、投资人的关联公司等。创业人提出的这些条件，投资人通常也都会同意。

创业者最好要求给予公司足够的成长时间，比如在 4 ～ 5 年的时间内，如果仍然未能实现首次公开募股计划，才允许投资人行使领售权。

在价格问题上不能退让。如果投资人在“优先清算”条款中要求的是“参与清算优先权，2 倍回报、3 倍上限”，创业者就可以认为，只有在出售时公司估值高于投资人原始投资额的 2 倍时，普通股股东才会参与剩余的分配。只有在每股转让价格达到投资人投资价格的 3 倍时，投资人才会转换成普通股，大家的利益才能保持相对一致。如果创业者对企业未来的经营依然有信心，坚决不同意投资方激活领售权，那创业者可以用同样的价格和条件买下投资人的股份。

在执行方面，支付方式最好是现金，也可以是上市公司的自由交易股票。

慎重考虑非上市公司用其股份作为支付手段，因为这具有一定的风险。即使创业者最终同意出售公司，也不必为交易承担并购方要求的关于公司业务方面的陈述、保证等义务。

第四节　6分钟融资2000万，马云当年是怎么做到的

提及马云今天的成功，很多人都会想起他和软银的联姻传奇。多年前，软银的孙正义给马云投资了2000万美元，马云的阿里巴巴才崛地而起，最终成就了今天的阿里帝国。

一、500万美金，换走了阿里50%的股份

其实，阿里最早的投资方不是软银，而是高盛。那时，高盛证券的合伙人林夏如也曾投资过阿里。

1999年3月，马云就开始创业了，那时马云的网站还叫做“中国黄页”。当时，马云在北京寻求投资却失望而归，急需一笔投资扩大企业的规模。

林夏如当时正担任高盛集团私募部门亚洲区的主管，她从朋友那里听说了马云后，就对他的企业产生了很大的兴趣。而这位朋友，就是后来的阿里

巴巴集团执行副主席蔡崇信。当时的蔡崇信放弃了70万美元的年薪，刚刚加入马云的阿里巴巴——而当时的马云每个月只能给他500元。

1999年10月，在林夏如的对接下，高盛联合富达投资等首轮投资阿里巴巴500万美元。正是这500万美元帮助马云撑过了创业初期最艰难的时光。

那时，阿里巴巴还只是家刚刚创立的小企业，与久负盛名的高盛自然无法相提并论。本来，马云打算以500万美元的价格出售阿里巴巴10%的股份，但谈判的结果是，高盛以500万美元获得阿里巴巴50%的股份。几年后，林夏如离开高盛，高盛也决定以7倍于买入价的价格出售全部股份。

二、6分钟谈判拿到4000万，马云却后悔了

1999年10月，马云收到了资深分析师古塔的一封电子邮件，说有一个人对他的阿里巴巴很感兴趣，建议马云去见见。当时马云刚拿到高盛的500万美金投资，正忙于阿里巴巴的建设，便忽略了这封邮件。几天后古塔又打电话催促马云，并强调说这个人对阿里巴巴未来的发展非常重要，让马云必须重视起来。在他的多次要求下，马云最终决定去北京见一见这个神秘人物。

到北京后，马云才知道，这个神秘人物就是孙正义。在此之前，孙正义已经投资了新浪、网易等互联网公司，并获得了可观的回报。

其实，在高盛投资后，马云的手中并不缺钱，对融资也没有特别急切的需求。所以马云见到孙正义的时候，他并没融资的想法，而只是向孙正义介绍，他未来想做什么。但在马云与孙正义谈了6分钟对互联网的理解和中国电商

的情景后，孙正义就决定向阿里巴巴投资 4000 万美元，但是他要求占有公司 49% 的股份。

很快，孙正义的团队就随马云一同回到了杭州。20 天后，马云受孙正义的邀请，动身前往日本与孙正义面谈投资事宜。

马云和孙正义第二次见面，他提出了三个条件：一是阿里巴巴只接受软银一家投资，不希望其他投资人进来；二是软银必须以阿里巴巴未来的发展为重心，不能只看眼前利益，不要对阿里巴巴的经营产生过多干扰；三是请孙正义担任阿里巴巴的董事。最终，孙正义决定投资 3000 万美元，占阿里巴巴 30% 的股份，并拒绝了担任董事的要求，只同意担任阿里巴巴的顾问。

可是回到杭州后，马云立刻就后悔了：自己并不需要那么多钱，而软银持股比重又太大，这会造成管理层的话语权被稀释。于是，他马上要求与软银重新谈判。最终，孙正义将投资额度降低到 2000 万美元，做出了最大限度的让步。

在这 2000 万美元的支持下，马云成功地挺过了后来的互联网寒冬，并逐步成长为中国乃至全球最大的零售商。

对于融资，马云总能保持清醒的头脑："永远不要让资本说话，让资本赚钱。让资本说话的企业家不会有出息，最重要的是你让资本赚钱，让股东赚钱。如果有一天你拿到很多钱，你坚持今天的原则，做你认为可以赚钱的事，我相信有一天资本一定会听你的。"

而刚刚起步的阿里巴巴，之所以能够在 6 分钟内就让孙正义决定投资，并不断地进行让步的原因，一是孙正义看中了马云身上的企业家特质，觉得他是一个疯狂的人，肯定能做出一番事业；二是当时的马云因为有高盛投资的 500 万，所以心态十分放松，交流起来也十分自如。能够完美地表现自己的特质和企业的未来规划，是马云“一步登天”的最重要原因。

第七章 躲开融资那些坑

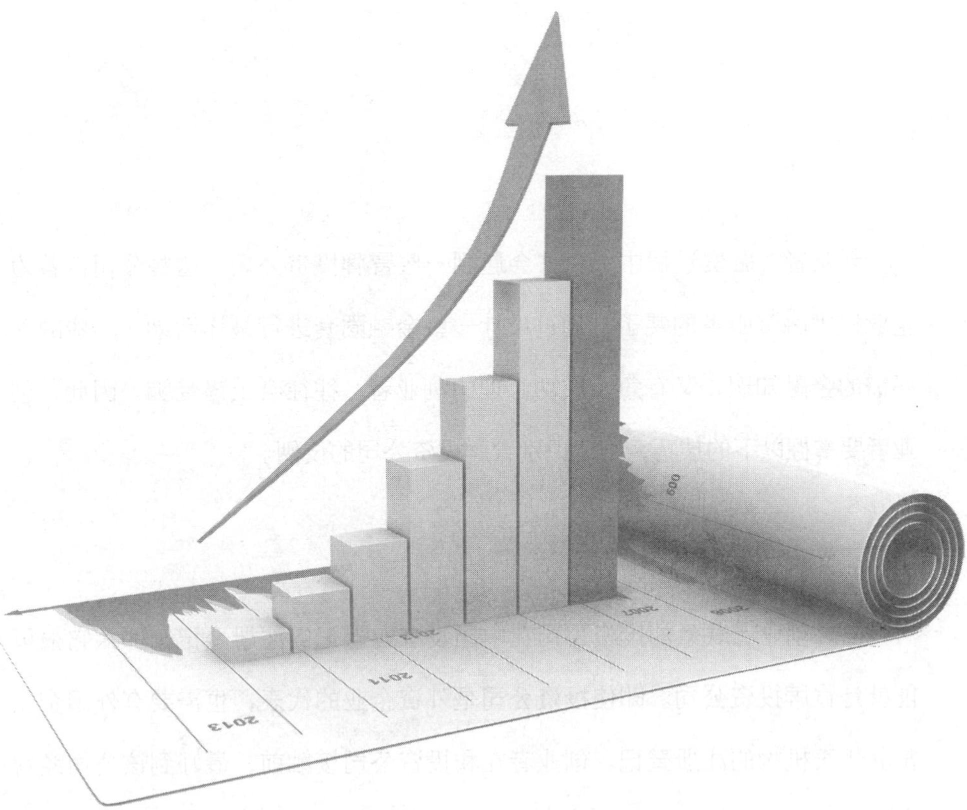

第一节 如何看穿冒牌投资公司

创业者在融资过程中，也许会遇到一些冒牌投资公司。这些公司打着为企业提供融资服务的幌子，通过设计一些金融圈套进行敲诈活动。一些缺乏必需的金融知识、又有急于成功心理的创业者，往往会上当受骗。因此，创业者要掌握以下的技巧，准确识别冒牌投资公司的伎俩。

一、工商登记查询

如果创业者联系的投资公司在中国没有取得工商注册登记，那么它很可能就是冒牌投资公司。即使投资公司是外资企业的代表，也需要有外国企业常驻代表机构的注册登记。创业者在和投资公司接触前，最好到该公司经营所在地工商行政管理机关查询相关的注册登记，也可通过网络工商行政管理机关主办或认可的企业信息网站查询企业的相关信息。

二、热衷于打广告

如今，投资公司的网站比比皆是，不仅一些小网站会出现，大网站也有可能出现冒牌投资公司的广告。即使广告宣传再怎么诱人，创业者也不要病急乱投医，轻易相信广告中的宣传。

三、不要轻易相信表象

冒牌投资公司一般都会起一些冠冕堂皇的名字，目前多冠以“某某国际投资集团某某代表处”的名头。它们往往会选择一个相对体面的办公地点设立自己的办事机构，比如选择政府机构附近、大企业总部附近等。特别是那些取得了工商注册登记、在高档写字楼内办公甚至有外国人参与的冒牌投资公司，具备极强的欺骗性，让创业者在短期内很难识别。它们深知只有尽可能地投入，才能获得受害者的信任，因此往往会在接触时显得极为真诚。创业者千万不能被冒牌投资公司的一些表象所迷惑，以此来判断其是否具备投资能力。

四、冒牌投资公司的业务人员素质不高

真正具有专业技能的人才几乎都不会与骗子同流合污，冒牌投资公司自身也不具备培训员工专业技能的基本能力。他们之所以被称为骗子，就是说他们有别于那些真正精通投融资行业规则、能驾驭投融资方向并能够从第三方取得足额资金的人。骗子对具体实质业务缺乏认识，这在谈判中对项目深

入探讨时很容易看出来。在谈判的过程中，骗子们不会和创业者深入探讨项目本身的发展问题，更多的只谈如何贷款、必要的程序及花费。

五、喜欢寻找没有相关经验的企业

大部分初创公司的创始人，在融资方面都没有什么经验。创业者没有经历过融资项目，不熟悉融资流程，也就很容易被这些骗子利用所谓行业惯例、集团工作规范、国际惯例等说辞所摆布。项目方往往抱着真诚的合作态度，把投资公司视为救星，希望从融资意向书签订开始，就开启了融资的大门。结果却是非但没有融到资金，还被骗走一大笔钱，让企业雪上加霜。

六、冒牌投资公司喜欢进行异地行骗

骗子往往不会选择本地的企业进行诈骗，以防被人识破。即使有本地项目要求合作，冒牌投资公司也会以项目没前途或者条件不成熟等借口拒绝。哪怕他们能够诈骗成功一次，很快他们的事情就会在当地传播开来，人们也就会对他们更为警惕。而外地的项目方就不同了，长期上门追讨成本太高，很多公司由于没有时间与精力与他们争论，便放弃维护自己的权益。骗子正是抓住了创业者的这种心理，才敢于在外地大肆行骗。

七、蹩脚的网站

为体现公司的实力，冒牌投资公司通常会设一个网站。网站一般都是静态的，且内容十分有限，页面风格都十分本土化，即使有英文也会显得十分不通顺。因为骗子往往没有精力，也没有相关技能去维护自己的网站。一般来说，正规的企业都会申请企业邮箱，而冒牌投资公司则不愿在企业邮箱方面投入申请资金，因此他们的邮箱往往使用免费的个人邮箱。他们也会制作名片，但名片上往往不会有企业邮箱，号称外国公司却没有外文网站。

第二节 常见的融资骗局

一、为项目方开出诱人的条件

当创业者打电话联系他们时，对方会表现得特别热情，并许诺各种极其诱人的条件。比如，各行各业均可融资，有抵押物可做债权抵押融资，没有抵押物可以用股权融资。而且他们会强调前期不需要费用，以骗取创业者的信任。

随后，这些公司也许会约创业者带着相关材料见面。创业者到公司后，公司投资部的人就会口若悬河地谈冒牌投资公司的成功案例，并且让创业者看一些来路不明的成功案例资料，比如借贷合同、放款凭证等。接着冒牌投资公司就会跟创业者谈项目，认为创业者的项目符合融资要求，利率有浮动的空间，额度有上调的可能等。

冒牌投资公司做的这一切，都是为了给继续行骗打基础。真正专业的投资人往往会显得十分稳重，极少在一次见面后就轻易许诺。

二、骗取考察费

骗子和创业者经过接触后，为了让创业者显示诚意，就会让项目方签订邀请协议，还会要求创业者支付考察费。如果项目方有疑虑，骗子就会承诺如果融资成功就会在利息中抵扣，不成功就会退还，以诱骗创业者信任他们。

事实上，正规的投资机构都拥有自己的管理费用，当公司决定将项目方纳入考察范围或者要投资项目方时，会自行支付差旅费、管理费及聘请第三方机构进行尽职调查等费用。创业者如果遇到这种索要考察费的投资方，一定要警惕。

三、要求支付各类招待费

在来到企业之后，骗子虽然也要故作姿态地查看各种证照，与公司相关人员座谈，有时也会提出一些关键性的问题；但大部分时间，骗子都会要求企业支付各种各样的招待费供他们挥霍。等到考察结束，骗子还会利用创业者急切的融资心理，索要其他费用。

四、公关

冒牌投资公司往往会要求和项目方开借贷双方的见面会及贷审会。在见面会上，先是项目方作介绍及 PPT 演示，再是投资方 PPT 介绍，接着是投资方的财务、投资、风控、股东代表等纷纷提出尖锐问题，让项目方解释。最后投资方进行表决，多数举手赞成，少数举手反对。贷审会结束，冒牌投资公司就会要求项目方“公关”，并借此机会要挟创始人拿出更多的资金。在成功骗取资金后，骗子们的意见就会“一致”了。

五、收取保证金

一般来说，投资人在确定投资意向后，不会在具体操作过程中加入太过严苛的条件。但冒牌投资公司往往会要求创业者与他们签订极为苛刻的协议和违约条款并索取保证金，然后想尽办法拖延时间。一旦企业不能完成相关流程，冒牌投资公司就会携保证金迅速逃走。

六、勾结诈骗

勾结诈骗是指冒牌投资公司前期不收取任何费用，而是在投资过程中勾结其他机构额外收费。投资公司会要求项目方提供可行性研究报告、投资价值分析报告、评估报告、律师尽职调查报告、商业计划书、法律意见书等文件。当冒牌投资公司给项目方指定或推荐特定的公司、事务所时，项目方这时就要保持警惕。冒牌投资公司经常与一些不法公司合作，共同欺骗项目方的相关费用，然后坐地分赃。总之，当投资公司指定或推荐特定机构出具项目文件时，项目方要深入了解再做判断。

第三节　躲开融资陷阱的技巧

一、做好投资方调查

受传统融资方式影响，通常情况下，投资方总处于优势的地位。因为投资方占据了一定的主动权，在融资过程中，经常会对融资企业进行深入的调查。而处于劣势地位的融资方，常常忽略对投资方的调查，从而导致了一些融资骗局的出现。融资是融资方和投资方双方的事情，融资方也要做好投资方的调查。

融资方调查投资方时，首先看对方是否是投资机构或公司，是否在工商部门网站上有过备案；其次再查看对方以往的投资案例，并分析其案例的真实性。

二、查看投资人的专业化程度

对于很多投资机构来说，无论是投资领域还是投资地区都有明显的特征，很少会出现跨地域和跨行业投资案例。天使投资可能会出现例外，但天使投资人对行业一般也具备区别性选择。

创业者和投资人进行接触沟通时，创业者可以针对投资人的专业性程度进行一定的考察。如果投资人只是泛泛而谈或是对该投资行业根本没有深入的了解，创业者就需要提高警惕。因为对投资人来说跨行业投资属于高风险，通常情况下，投资人都不会做出这样的选择。

三、不要支付任何费用

事实上，正规的投资机构都会自行担负考察费用，绝不会向创业者索要“差旅费”“公关费”。因此，投资方在投资确定之前，如果有要求创业者支付投资费用的行为，基本都属于融资骗局，创业者应格外留意。

四、避免遭遇合同诈骗

投融资双方只有在签订了合法的投资合同之后，双方的利益才能得到保障，创业者才能真正进入到融资流程。目前，投资人要求创业者签订一些不平等的对赌协议，或者采用虚假合同欺骗创业者的现象屡见不鲜。所以创业者在签订投资合同时一定要小心谨慎，务必要咨询相关的律师，但该律师一定不能是投资人所推荐。创业者还要认真查看投资合同中创业企业一方的责任和义务，避免遭遇合同诈骗。

五、注意投资人的态度

对于投融资双方来说，投资方的态度应该更加谨慎，毕竟他才是出资的一方。虚假投资方往往会对创业者格外热情，在没有进行深入的企业调查之前，轻而易举就表达出强烈的投资意愿，并明确表达一定会投资。而真正的投资人每天会接收到上百份 BP，他们对投资格外谨慎，不会轻易对创业者表现出良好的态度。而且，在确定投资之前很少会明确表达出要投资的意向，创业者往往需要耐心等待才可能有收获。创业者一定要保持警惕，对过分热情的投资人，一定要注意是否存在诈骗的可能性。

六、保护企业核心机密

企业关键的成功因素，就是企业的核心产权和商业模式。无论在什么情况下，创业者都要严格保护企业的商业秘密。企业在融资过程中，应该向投资方介绍企业的真实情况，获取投资方信任，但并不是出卖企业的核心机密。有一些虚假投资人，就是打着投资的幌子窃取企业的商业秘密或是抄袭企业的创业模式。这些投资人的目的不是投资，但也进行正规的投资流程，让创业者难辨真伪。创业者遇到这种情况，要保护好企业自身的核心竞争力，形成创业壁垒。只有在一切都尘埃落定后，才能根据情况让投资人了解企业的重要信息。

第四节 如何在被骗后及时止损

创业者如果发现投资公司有问题，就要及时停止融资进行止损。而有些创业者即使意识到投资公司可能存在欺诈行为，却担心之前支付的考察费、材料费等前功尽弃，所以宁愿相信自己被骗是个错觉，亦步亦趋跟着冒牌投资公司的套路走下去，结果遭受更大的损失。

骗局终归只是骗局，当创业者最终发现被骗和冒牌投资公司进行交涉时，对方往往会承诺退款或给予其他好处。这时创业者不要抱有侥幸心理，冒牌投资公司很可能只是在拖时间。通常情况下，冒牌投资公司要骗的人很多，租好的办公室、打出去的广告费，都需要时间收回成本。

创业者被骗后，如果不能立即或在很短时间内收回被骗款项，就不要再相信骗子给的承诺，根据情况不同，应该及时采取起诉、报案等维权措施。

一、及时报警

创业者发现被骗后，最有效的处理方式是及时报警，请公安机关依法进行处理。创业者报警的前提，是要有足够的证据证明对方进行了诈骗或者犯罪活动。但是骗子投资公司在行骗前一般都会进行充分的准备，他们会以合法的合同形式掩盖骗局。如果证据不足，警方的调查也会很困难。因此，创业者一定要在融资过程中随时咨询法律界专业人士，以保留对自己有利的证据。

二、依法进行起诉

如果依据合同和相关证据，从诉讼的角度讲事实清楚明确，有足够的理由要求退款，而报案又不成功的，创业者可以考虑按合同向法院起诉。

虽然骗子的目的是骗取钱财，但他们在诈骗过程中也要产生大量支出，因此他们往往不会在诈骗成功的第一时间就选择逃跑。如果创业者能够及时起诉，通过法律手段冻结骗子的财产，就有很大可能在诉讼中挽回损失。但如果创业者不能及时起诉，一旦骗子完成了资金转移，创业者即使能够胜诉，也很难再将损失追回了。

创业者被骗后维权有很大的难度，最好还是防患于未然，在融资初期提高警惕，尽量避免被骗或者把损失控制在可承受范围内。

第八章 能融钱，也要会花钱

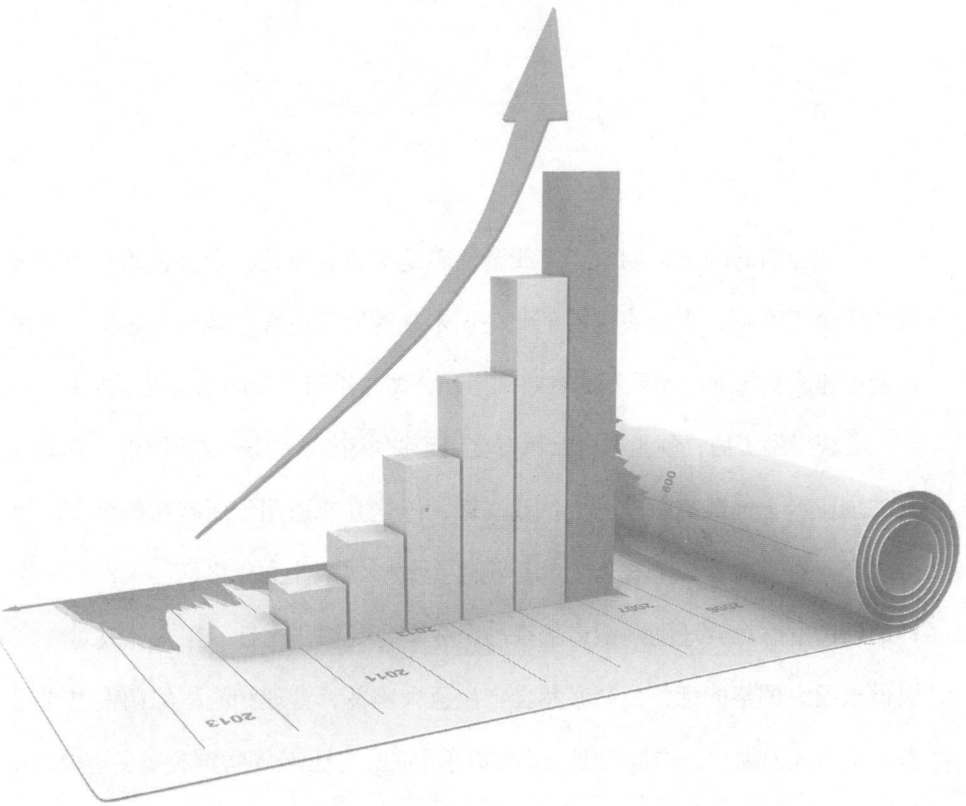

第一节　创业公司该如何花钱

在创业的道路上，创业者完成融资不是结束，而是一个全新的开始。融来的资金怎么花，直接决定着创业公司未来的发展。合理地利用融资，公司就会迅速成长起来；如果不能有效利用，公司和投资人反而都会受到损失。

在获得融资后，创业者可以将资金用于扩张企业，但一定要控制好节奏。有的创业者会选择高薪聘请大企业高管，但这并非适用于所有初创企业。如果大企业高管的管理方式与初创企业富有激情的企业文化格格不入，那么这样的聘请就必然会让刚刚塑造起来的企业文化受损。而且，在A轮就对管理层做出巨大调整的话，公司必然会产生巨大震荡，管理和流程的调整也要花费大量的人力物力，这是初创企业难以承受的。创业公司肯定有很多短板，A轮只需要填补几个比较弱的点，B轮C轮以后，企业才应考虑加强自己的优势。

曾有人调查研究了多家创业失败的公司，总结出占比最多的25%失败的原因都是资金问题。创业者在创业初期，在资金管理上一定控制成本，减少不必要的开销。

一、办公场地

创业者在创业初期，因为资金缺乏，租用办公场所要以省钱为主，不需要盲目追求豪华的办公场地。很多成功的企业都是从一个不起眼的办公室成长起来的。谷歌最初成立的时候，办公室设在一个租来的车库里；阿里巴巴最初成立时，公司就位于马云的家中。

创业初期，创业者要把精力放到做成业务、产品上，公司进入正常的发展轨道以后再慢慢扩张。这也是现在很多创业公司的做法，不仅能帮助自己省下一笔开销，也可以考验一个团队的初心。

二、控制员工数量

创业公司初期应当控制员工数量，合理设置员工薪酬福利。员工的数量并不是越多越好。创业公司可以根据自己的业务需求，招聘合适数量的员工。比如凡客诚品公司在 2011 年的时候，公司有一万三千多名员工，然而也就是在这一年，凡客亏损 6 亿。创始人陈年说：“公司越热闹，烧钱混日子的人越多。”通过精简组织架构，凡客诚品只剩下不到 300 人，业务却运行得比以前顺畅了很多。

把公司的人数控制在一定的范围，提高员工的工作效率，才能增大初创公司成功的可能性。

三、员工薪酬

员工的薪酬福利是初创公司的一项大支出。创业是一项艰巨的工作，不能花太多钱在昂贵的薪水和不必要的员工福利上。如果要给员工发福利，就要确保这些福利待遇和工作任务、目标挂钩。这样做不仅能节约资金，也将因此建立起节俭的企业文化。

四、创业者个人财务管理问题

创业者是公司的所有人，但公司的资金创始人绝不可以随意挪用。一个正规的公司，创始人的个人财务和公司财务是要分开的。很多创始人为自己支付工资，就是为了让自己不去动用公司的资金。

而且，在引入融资后，投资者也会对随意挪用公司资金的创始人有意见。如果挪用金额过大，甚至有可能引发投资人与创始人的矛盾。

第二节　如何控制花钱节奏

初创公司要想得到健康可持续发展，资金链是具有决定性效果的一环。创业者能融钱，更要学会如何花钱。

创始人拿到早期融资后，要学会谨慎而有规划地使用融资。根据融资的损耗程度决定下一轮融资节奏，是保证资金链顺畅的关键。那么，创业公司该如何确定花钱速度，让融到的资金能花到下一轮融资呢？

创业公司进行新一轮融资时，投资方都会问公司的资金消耗率问题。资金消耗率是用来衡量资金被消耗的速度，也就是说，公司每个月在技术、销售、人员成本等方面需要花多少钱？公司在收支平衡或者新一轮融资完成前，能够生存多久？

资金消耗率与创业公司能融到多少资金、融资的前景，以及公司的成长速度和风险承受能力息息相关。资金总消耗是创业公司的成本基础，净消耗是创业公司收入和成本之间的差异，就是每月消耗的现有资本金额。了解公司消耗速度的主要目的，是为了计算出公司当前的资金能够维持多少时间。

那么，创业公司应该如何决定自己的资金消耗率呢？

一、做好 18 个月的运营规划

在通常情况下，创业者得尝试让融到的资金至少能保证公司运营 15 ~ 18 个月。

创业者得给自己 4 ~ 6 个月的时间来筹集资金，如果创业公司在没有什么创新的情况下，则需要更多的时间。这样计算预期的消耗就很容易，比如创业公司本轮融资是 250 万美元，那么平均每月的资金消耗率应该是 14 ~ 16.5 万美元。如果创业公司的收入增长，那创业者就可以提高成本。但是如果创业公司每月消耗 20 万美元，那么创业公司在一年之内就会失去所有现有资本。

如果创业者用 4 ~ 6 个月的时间来进行下一轮融资，那么在一年之内，创业者只有 6 ~ 8 个月的时间来展现前一轮融资成效。这也就是创业者在完成一轮融资后，首先需要保证公司要有 18 个月运营资金的原因。

二、考虑未来的融资前景

对于创业公司来说，如果公司发展非常快，融资足够多，那么创业者当然有权利以较高的资金消耗率运营。但如果创业公司突然遇到发展瓶颈，而发生融资困难的情况，或者创业公司上一轮融资时公司估值过高，导致下一轮投资方需要重新进行公司评估；这时候，创业公司就需要减少消耗。

很多时候，减少消耗就意味着削减成本，意味着裁员，也意味着减少营销的成本，能不花钱就不花钱。在这种情况下，创业者经营公司会遭受很大的压力。但是，只要能撑过这段困难时期，公司就将更上一层楼。

三、考虑公司的风险承受能力

消耗率也是创业公司“风险承受力”的一个指标，也就是说，如果创业公司不能顺利融入下一轮资金，创业者就要准备让公司进入一段困难时期。有些创业团队非常保守，宁愿保持人为低资金消耗率，也不愿意去冒资金链可能断裂的风险。但是，愿意冒险扩张的企业也不少。

2006 年，京东获得了今日资本的 1000 万美元融资。当时，刘强东本打算只融 200 万美元，而今日资本的总裁徐新却坚持认为 500 万美元都不能很好地支持京东的发展。最终，今日资本决定投资 1000 万美元。

在获得了 1000 万美元后，刘强东马上开始了扩张之路。他改造了公司的财务体系、品牌推广，对网站也进行了改版。更重要的是，他仿效亚马逊的模式，斥巨资建立自己的物流团队。虽然物流系统让京东产生了很大规模的亏损（据外界推测，2016 年，京东物流的亏损额甚至达到了惊人的 94 亿），但刘强东却觉得这没什么。最终，在刘强东的坚持下，京东成功超越了国美、苏宁等竞争对手，与阿里、腾讯、百度“三巨头”并列。

很多时候，资金消耗率也体现出了创业者的风险承受能力。同时，创业者即使有破釜沉舟的勇气和魄力，也应该考虑现有股东的风险承受能力，然后才能做出最终决定。毕竟，这影响着创业者和投资方的共同权益。

第三节　融来的资金怎么花

在初创阶段，创业者的资金肯定很紧张，创业者要反复权衡，把融到的资金花在刀刃上。

一、完善产品构架

所有的早期项目，成功的逻辑几乎只有一个，那就是成功的产品。如果创业者没有搭建一个能够支撑长期发展的产品架构和强有力的产品入口，公司就很难得到长期发展。

资金最有成功希望的投向就是完善产品构架，把一个初步的商业构想落实成为一个具体的商业构架，这是投入产出率最高，也是成功概率最大的方向。

早期客户的数量增长很可能是假象。任何产品总有一批无须过多营销，就会积极购买的天然早期用户。这些用户也许是对产品有特别偏好的用户，也许是创业团队利用现有人际关系沟通的朋友。这些客户的增长会给创业团队极大的激励和错觉，认为产品没问题，用户规模没有持续增长是因为市场投入不够。但其实在市场中，这些早期的低成本用户并不是普遍存在的，无论再怎么投资，效果也不会明显。

同时，产品的试错过程是必不可少的，过早地把不成熟的产品灌输给大量的客户，后期产品推广和产品调整转型的难度就会成倍地增加。

二、团队建设

员工是公司发展的基石，因此一些公司融到资金后，会将一部分资金用在员工身上，激发员工为客户提供高质量的服务和企业的创新。员工的工作激情被点燃后，工作效率会大大提高，反过来也会促进整个公司的业绩增长。同时，创业公司也可以利用融资，聘请高技能专业人才，升级团队的核心力量，进一步提高创业公司的竞争力。如果创业公司正处在一个关键的阶段，却在专业人才上有所欠缺的话，企业的整体发展速度就会受到影响。

三、提高客户体验

通常来说，一些大型公司都会做一些专业的市场调查，比如搜集关于自身产品和服务的评论，以及其他一些品牌的口碑。这些信息会建立一个用户反馈机制，创业公司可以根据这些信息有针对性地提高产品和服务的质量。这一环节，往往需要投入大量的资金，而在资本的帮助下，市场调查就能够顺利地进行。

创业公司在开始进行市场调查时，逐一对客户进行采访是搜集反馈信息的主要方式，这些信息对公司决策起着重要影响。在外来资本的支持下，创业公司就可以有更专业的调查团队，也就能得到更全面、更精确的用户反馈信息。

四、升级商业模型

创业者要建立一个好的商业模式和财务模型，就要重新思考业务模型是否可以优化和升级。如果需要花钱，比如补贴，就要考虑贴给哪个项目，考虑补贴的效率和效果，考虑未来三年的回报等。财务模型如果建立不起来就不要补贴，低频的客户消费不要补贴，这样的补贴是没有任何意义的。如果不能建立财务模型，无论是促销还是补贴，都将是一种虚假繁荣。最后，一定要阶段性地检查花钱的效果。

五、为后续融资做铺垫

创业者如果把资金用在低效而且昂贵的市场推广上，当融资花完后，产品和业务又不能站上一个新台阶，基本上创业公司就陷入了难以为继的境地。所以，早期项目的注意力，也应该用在如何给下一轮投资者展示更为清晰的业务逻辑，而不是更为庞大的业务数据。

第四节　小米和美团：融资才是开始

一、10 亿美元，小米如何选择

2017 年 7 月，小米获得了一笔 10 亿美元的三年期再融资。当时，小米的估值甚至一度达到了 1400 亿美元。有人开玩笑说，如果这个估值成真，传统的“BAT”就该变成“ATM（阿里、腾讯、小米）”三巨头了。

关于这 10 亿美元的用途，人们纷纷猜测：是用于与华为等对手竞争，还是开拓海外市场，还是投入到研发中去？小米的 10 亿美元，到底该怎么花？

1. 维持资金链稳固是重中之重

对于小米，最需要解决的问题，还是 2014 年 10 月的融资还款问题。2014 年底，当时小米如日中天，估值一度达到了 400 多亿美元，所以轻松地就拿到了 10 亿美元。当时正是互联网泡沫最严重的时候，小米要拿 10 亿美元打造生态，入股爱奇艺就花了 3 亿美元。

但是，小米一直存在着变现能力不强的问题，由于没有上市，小米的业绩不会像其他上市公司那样直接进行披露。2014 年，美的的一份公告透露了小米 2013 年的财报：小米 2013 年营收 265 亿，利润才 3.47 亿；总资产 64.5 亿，总负债 60.57 亿，所有者权益 3.95 亿。这就意味着，小米在 2013 年是高负债的公司，而利润比较弱。265 亿的营收，利润才 3.47 亿，其中依靠低价占领市场的小米手机贡献了很大一部分利润。

2015 年，小米营收是 780 亿人民币，而且那个时候小米已经很依赖低价手机的销量，利润率可能还不如 2013 年。由此推断，小米当年的利润最多是 10 亿人民币左右。

2016 年，小米销量下滑 36%。同时还要扩张线下渠道，利润估计还要低于 2015 年；在高成本的影响下，小米的利润只会越来越低。小米的竞争对手华为虽然推出了不少高端手机，但手机业务的利润也比较微薄；而小米依靠低价占领市场的策略，更不可能为公司带来很高的利润。

小米在 2014 年借来 10 亿美元，在投资上花了不少钱。目前，小米投资的产品和小米一样没有进行 IPO，没有在二级市场上获得巨大受益。

综上所述，小米在 2017 年要拿出来 10 多亿美元连本带息还款基本是不可能的。小米的投资固然表现不错，但这部分资金并不能用于还债。因此，小米的当务之急，是要保证自己的资金链能够稳固下来。

2. 研发、渠道、海外市场“三箭齐发”

由于要偿还从前的债务，小米能够展开手脚使用的资金并不多。但是，对于竞争激烈的手机市场来说，小米依旧要努力将几亿美元的融资用好，以维持自己的市场地位。

对小米来说，研发、渠道和开发海外市场都是应该关注的重点。

2017 年 3 月，小米推出了自研芯片“澎湃 S1”，表示将继续在芯片研发上加大投入。此后，小米研发了最新的“澎湃 S2”芯片，并派专人帮助高通进行芯片的研发调试工作。对于竞争激烈的手机市场，只有把核心技术掌握在自己手中，才能在未来的竞争中占据优势。

而随着电商销售模式逐渐触及天花板，小米也开始尝试线下销售。针对不同的人群，小米也聘请了好几位有着高人气的明星，其中还包括初音未来这样的虚拟偶像。在这样大力度的宣传投入下，2017 年第二季度，小米手机出货量达到了 2316 万台，恢复了高速增长。小米能够触底反弹，与拓展线下渠道密切相关。雷军曾在微博上透露，三年之内，小米要发展 1000 家线下店。

小米的低价销售模式，决定了小米手机业务难以对企业扩张提供较大程度帮助的事实。在线下市场，OPPO、vivo 和华为早已占据先机，而 2000 ~ 3000 元的市场小米的规模也不算大。乐视的倒下，更是为小米等厂商敲响了警钟——依靠生态“画饼”，让股民和投资者买单，最终资不抵债走向崩溃。为了避免重蹈乐视的覆辙，小米必须要大力开发海外市场。

因此，小米在得到融资之后，便立刻着手扩张海外市场。比如印度市场，小米已经取代了三星，成了印度第一手机品牌；而在西班牙、葡萄牙等欧洲国家，小米也已经与当地的零售商展开合作，正式推出了多款机型。

虽然小米的利润较低，但估值却一直居高不下。对于小米来说，只要能够 IPO，就有着极为光明的前景。小米到底会在什么时候上市？到底哪一个估值是最为合理的？也许在 2018 年，一切就会见分晓。

二、40 亿美元，美团将要做这五件事

2017 年 10 月 19 日，美团点评宣布完成新一轮融资，公司估值 300 亿美元，拿到 40 亿美元融资。在美团点评融资历史上，这次融资的金额最大。

王兴认为，美团是一家使命驱动公司，使命是让大家“吃得更好，活得更好”。美团点评特意召开媒体发布会，这也是两年来美团点评与媒体主动沟通的一次重要会议，可见美团点评对这次融资的重视程度。

在此前，美团已经获得了多笔融资，其中包括 2016 年 1 月的 33 亿美元和 7 月的数亿美元。而这 40 亿美元的融资，投资方阵容堪称豪华：腾讯领投，红杉资本、新加坡政府投资公司、加拿大养老金投资公司挚信资本、老虎基金、和中国－阿联酋投资合作基金等跟投。这次融资后，美团点评估值高达 300 亿美元，创造了国内在团购、O2O 以及本地生活服务等领域的最大估值。

面对美团即将在 2018 年上市的猜测，王兴却表示美团并没有此类计划：“如果我们想上市立刻就可以上市，但这不是最好的选择。”王兴还表示，对于这 40 亿美元，美团将会在五个方面进行投入。

第一，美团将在新技术和高科技方面进行投入。美团点评将在人工智能、

无人配送等前沿技术研发上加大投入，让高科技落地本地生活服务领域，推动现代服务业升级。最直接的体现就是商家后台升级，以及配送效率的提升。

美团点评高级副总裁王慧文表示："在人工智能方面，我们正在积极组建团队，需要比较优秀的人才，是我们非常重要的发展突破点。技术的突破要应用到产业场景上来，人工智能现在能看到的有几个：搜索引擎、无人驾驶、语音助手。我们外卖每天有1000多万单量，这是与人工智能非常匹配的。当前主要在搞自主研发，需要优秀的技术人才。"

第二，在盈利业务方面继续投入。对于在与大众点评合并后获取的婚庆、美容美发等到店综合业务，美团也将加大投入，使这部分本来就能够带来较高盈利的业务能够继续良好表现。

第三，拓展新业务投入。面对新闻媒体，王兴没有否认会在其他业务上继续投入。王兴认为竞争不是目的，更好地为用户提供服务获得利润才是目标。王兴说："我们不是竞争驱动的公司，竞和争不是一回事，同向为竞，相向为争。争也分两种，一类是足球的竞争，目标是把球踢进门框；一类是拳击的竞争，目的在于将对方打倒。而美团点评属于第一种。"

王慧文这样解释新业务的拓展逻辑："我们有两个宏观标准，一是这个行业未来会不会发生比较大的变化；二是消费者是不是对现状很满意。如果前一个是YES后一个是NO，就有值得试的空间。这是优先级最高的条件。"

第四，升级团队力量。有消息称，2017年9月份，美团点评总部就迎来了大量的面试者，这种招聘呈现上升趋势。在巨额融资的推动下，美团势必将继续扩大队伍规模，以扩展新的业务。

第五，在本地生活服务生态化方面投入。王兴说：“完成此轮融资后，公司进入了一个全新的阶段。秉承让大家‘吃得更好，活得更好’的企业使命，美团点评将承担更多社会责任，带动就业发展，建设更加开放合作、与全社会协调发展的社会企业。”如今，美团的业务已经覆盖了外卖、打车、婚嫁、到店等方面的内容。因此，这次融资后，美团点评肯定会继续串联这些领域，打通相关的服务内容，形成生态化优势。

第九章 创始人要保持对公司的控制权

第一节　掌握公司控股权

创业者找到愿意投钱的投资方，这当然是件好事情。可是在接下来的融资中，创业者该拿多少钱、让出去多少股份，却是一件需要深思熟虑的事情。从某种意义上说，融资是资本与创业者之间的一场博弈，并没有一定的规律可循。创业者必须结合公司的实际情况，以及对融资的心理期待和渴求程度，来决定拿多少股权换多少钱。

沃尔玛曾经试图通过投资的方式，扩展自己在中国的电商业务。他们首先找到了京东，表达了进行投资并获得控制权的意愿，被刘强东拒绝。随后，沃尔玛又接触了 1 号店，并控制了其 51.3% 的股权，成为最大股东。几年后，京东飞速发展，而 1 号店却由于业绩不佳，创始人只得被迫离职。如今，沃尔玛在无法扭转 1 号店的颓势后，选择将 1 号店转卖给京东。

为何 1 号店与京东的境遇差别会如此巨大？因为，刘强东牢牢地把握了公司的控制权，而于刚为了解决资金困境在融资中让出了 1 号店 80% 的股权，1 号店控制权就此旁落，最终他只能黯然离开。

没有一个创始人在创业之初就会设定目标是为投资人打工。但是随着公司的发展，经过多轮融资和内部激励，创始人的股份比例不断被稀释。像于刚那样的创始人，在一开始融资就让出大部分股权，就等于将控制权拱手让人。随着企业的发展，企业会不断融资，创始人将无法保证对公司股权数量的绝对控制，最终的结果，往往是创始人被资本驱逐出局。

那么，创始人在公司不断融资，股权不断被稀释的过程中，如何才能把公司的控制权牢牢掌握在手中呢？

一、控制股权比例

在多轮融资中，创始人要注意控制好股权比例。天使轮、A 轮最好不要超过 20%；A+B 轮不要超过 30%；到 IPO 时，投资人最好不要超过 50%。而 IPO 往往又会增发 10% ~ 20%，创始人股权又会稀释，最终上市后创始人持股可能在 40% 左右。比如唯品会 A 轮融资后，创始人持股比例为 70.27%，B 轮融资后创始人持股比例为 63.73%，上市后创始人持股比例为 45.71%，投资人共同持股比例为 32.52%。相对来说，唯品会创始人的股权比例控制得就比较好。

但是，并不是所有的创始人都有拒绝投资人的底气。很多时候，在融资过程中投资人投入多少钱、要多少股份、给公司的估值是多少，这些都不是创始人可以单独决定的。在这种情况下，创始人只能通过别的方式，争取对公司的控制权了。

二、设计股权结构

股权结构是一门大学问。李嘉诚通过重组等一系列操作，构建了金字塔、交叉持股等股权结构，让自己能以较小的股权比例，就牢牢控制了长江实业、和记黄埔和赫斯基能源，以及旗下的多家子公司。而谷歌通过双层股权结构，让三位创始人能够以较小的份额，掌握企业的控制权。一个良好的股权设计，就能让创始人达到事半功倍的效果，也能让公司有更多的操作空间去吸引投资。

三、虚拟股权

在通常情况下，虚拟股权主要针对内部合伙人，是公司授予激励对象一种虚拟的股权。激励对象可以据此享受分红权和股份升值收益，但没有所有权、表决权，也不能转让和出售虚拟股权。当虚拟股权的持有者离开企业时，股权自动失效。创始人可以通过虚拟股权，来提高自己对公司的控制权。

四、归集小股东的表决权

创始人可以把其他小股东的股权表决权归集到自己手里，这样可以增大创始人在股东会上实际控制的股权表决权的数量。

归集表决权的具体方式有两种：一是表决权委托，即小股东签署授权委托书，将其所持股权的表决权授予创始人行使；还有一种更加可靠的归集方式，就是小股东通过一家持股实体，间接持有公司的股权。创始人通过成为该持股实体的法定代表人、唯一的董事、唯一的普通合伙人或执行事务合伙人的方式，实际控制持股实体所持有的公司股权的表决权。

五、创始人一票否决权

创始人一票否决权，是提高创始人控制权的一种防御性的策略，也就是说，对于公司有重大影响的事件，比如解散、分立、合并、主营业务变更、公司预算决算、上市、重大人事任免、股权激励等事件，必须得到创始人的同意或赞成表决方可通过并实施。

六、有限合伙持股

有限合伙企业是一种特殊形式的合伙企业，有限合伙企业的合伙人分为普通合伙人和有限合伙人。普通合伙人有执行合伙事务、承担管理职能的权利，而有限合伙人则不能参与企业管理。所以，创始人可以让股东不直接持有公司股权，而是把股东都放在一个有限合伙里面，让这个有限合伙持有公司股权，这样股东就间接持有公司股权。同时，让创始人成为普通合伙人，控制整个有限合伙，然后通过这个有限合伙控制了公司的股权。其他股东只能是有限合伙的合伙人，不参与有限合伙管理，也就不能通过有限合伙控制公司。

创业融资，创始人应该以开放的心态接受投资者，失去一部分股权是不可避免的事情。但是创始人也要保持必要的警惕性，除了要选择好的投资伙伴之外，还要提前对公司的股权分配有一个比较清晰的规划，给股权的调整设置一个上限，要保证自己对公司的控制权。

第二节 控制公司的董事会

创业公司的日常经营事项，主要由公司董事会来决定。投资人以及其他股东，通常都很少开股东会，只有遇到重大事件时才召集一次股东会。也就是说，股东很少通过股东会的控制权来参与公司日常经营。所以，创始人如果控制了董事会，也就控制了公司的日常经营管理。核心创始人可以占有公司董事会的大部分席位，以保障决策效果和决策效率。

一、控制董事的提名和罢免

控制董事会最重要的法律手段，就是控制董事的提名和罢免，这也是公司控制权之争的关键所在。但在现实中，公司的投资人通常会要求董事任免权，而公司也需要创始人之外的董事助力公司的发展，所以创始人需要控制董事会的人数以及创始人任命的董事人数。

创始团队在创立公司初期，就要有控制董事会的意识。在公司章程中要规定控制董事会的相关条例，把控董事的任免及席位。

比如在融资协议中，就要有控制董事会的相关规定：增加一个董事席位，就要增加一个创始人席位，这样就可以保证创始人的席位永远都多于投资人的席位，从而锁住决策权。同时，随着公司的融资发展，如果在某一轮融资中投资人的股权被稀释到一定程度，创始人就应该提出缩减投资人的董事委派权。毕竟过于庞大的董事会组成，会影响公司运营决策的有效进行。

二、控制董事会成员人数

董事会规模一般为 8 人，最多不能超过 10 人。为了确保有利的话语权，从成员组成角度来看，创业公司的 CEO、CFO、销售主管、营销主管和技术主管，都应该加入董事会。虽然他们并不需要每次会议都参加，但要占据董事会的席位。余下的位置就可以为投资人和独立董事保留了。

三、确定合适的主席人选

对于创业公司来说，董事会主席是个非常关键的位置。虽然董事会主席不直接负责公司的日常运营，但董事会主席是关键的决策人。因此，公司 CEO 处理好与董事会之间的关系非常重要。董事会主席也许一个月出现一次，但是他可能会用很多时间与 CEO、管理团队以及其他董事会成员讨论公司事务，就某个特定领域的发展机遇深入交流。

四、一年至少要开六次董事会

创业公司至少要确保一个季度开一次董事会，还要就未来的发展预测和战略研讨进行两次会议。所以，创业公司一年最少要开六次董事会。通常情况下，因为总有一些无法避免的紧急情况发生，很多公司一年要开八次董事会。

五、董事会要进行不断的演进和变革

创业公司在不同的增长阶段需要不同的领导人，比如在起步阶段，资金和客户都比较缺乏，这时创业公司就需要经验丰富、有营销和公关资源的创新性领导；进入成熟期，在进入 IPO 前期，创业公司就需要能够组织好公司结构、管理好员工的经营性领导。在创业公司发展的不同时期，要合理选择不同的公司领导人。

第三节　控制公司的经营管理

创始人控制了控股权或者董事会控制权，就实现了对公司的最终控制权。创始人占了法定代表人的职位、拿着公章和营业执照，则是实现了对公司实际控制权，有权控制公司的日常运营活动。

如果创业团队是公司绝对控股股东，董事会也占多数席位，而法定代表人却旁落别人之手，公章、营业执照也在法定代表人手里；这时，如果法定代表人决定公司要做某个业务，并且要跟合作方签协议，创始人也只能对他进行劝阻，却没有什么有效的办法去阻止。

所以，即使是公司的控股股东，如果不掌握法定代表人的职位、不掌握公章和营业执照，控股股东就只能简洁行使对公司的控制权。如果要实际控制公司，就要控制法定代表人职位、掌握公章和营业执照。掌握了这些，创始人才能及时地介入公司的经营和管理。

一、控制法定代表人的职位

法定代表人有权在法律规定的职权范围内，直接代表公司对外行使职权，他的行为属于职务行为，视为公司行为，造成任何法律后果，都由公司承担。所以，通常法定代表人在合同上代表公司签字，法律效力等同于盖公司公章，法定代表人同意了，就表示公司同意了。创始人要控制公司，就要控制法定代表人的职位。

二、掌握公章和营业执照

文件以及合同等相关材料，如果盖上公章，也就视为公司同意相关的内容了。凡是以公司名义发出的信函、合同、证明或其他公司材料，一般都会要求加盖公章。通常情况下，没有加盖公章的文件，业务合作对象、政府主管部门都不会认可文件有法律效力。

目前法律并没有关于公章应由谁掌管的明确规定。在很多要求取回公章的诉讼中，法官通常会认为，公章的管理属于公司自治范畴，应该由公司章程或公司股东会明确公章如何管理，法院不能确定由谁管理。只有公司章程中明确规定，或者公司股东会做出决议，确定了公章由谁掌管，法院才会判决支持其取回公章。

营业执照是企业或组织合法经营权的凭证，营业执照对于创业公司的作用，就如同身份证之于普通人。如果不能掌握营业执照，很多事项，特别是与政府机构相关的一些事项将无法正常办理。

对于创始人来说，公章与营业执照外的证照最好也要掌握在手中。如果创始人不能掌握这些证照，在办理一些事项时就会遇到很多不必要的麻烦。当然，创始人也可以凭借法定代表人的身份、公章和营业执照对这些证照进行补办。

第四节　创始人被踢出局启示录

商界从来都是波谲云诡暗藏玄机，创始人要牢牢把握公司的控制权，从创建公司那天起，就要做好缜密的准备。不要疏忽大意或是为了一时之利而因小失大。对创业者来说，最悲情的事情不是把亲手创建的公司搞倒闭，而是把自己一手做大的企业拱手让给了别人，自己反倒被踢出局。

一、俏江南创始人被踢出局

从当年的胡润餐饮富豪榜探花，到后来忍辱签订“卖身契”，从当年的创始人到如今的“局外人”，多年来，俏江南创始人张兰被踢出局的往事，一直被后来的创业者们引以为戒。

2000 年，拥有 10 年餐饮经验与资金积累的张兰，在北京国贸开办了第一家俏江南餐厅。从 2000 年到 2010 年，俏江南通过不断创新的菜品和高端餐饮的定位，在中国餐饮市场上赢得了一席之地。其业务也逐步向多元化发展，衍生出包括会所在内的多个业态。据相关资料显示，俏江南在创建之初即已实现盈利，2007 年，其销售额达 10 亿元左右。2009 年，张兰首次荣登胡润餐饮富豪榜第三名，财富估值为 25 亿元。

张兰曾经对资本市场敬而远之，在 2006 年举行的一次主题为“基金投资与上市增值”的论坛上，张兰曾与几名投资人辩论说：“我有钱，干吗要基金投资啊？我不用钱，为什么要上市啊？”

2008 年，全球金融危机爆发，餐饮业在众多行业中脱颖而出，成为许多 PE 投资的最重要选择。2008 年前后，中国 6% 的餐饮连锁企业引入资本准备上市，72% 的企业与多家投行洽谈。

张兰也一改往日的态度，开始与风投接触。2008 年初，在枫谷投资合伙人曾玉和易凯资本王冉的撮合下，张兰结识了鼎晖创投的合伙人王功权。最终，张兰接受了鼎晖创投伸来的橄榄枝。2008 年 9 月 30 日，俏江南与鼎晖创投签署增资协议，鼎晖创投注资约合 2 亿元人民币，占有俏江南 10.53% 的股权。

不过，这份投资协议并非是简单的“用钱换股份”。在投资协议中，鼎晖创投加入了三个特殊的条款：“股权回购条款”“领售权条款”“清算优先权条款”。双方经明确约定，如果俏江南不能在 2012 年末之前实现上市，俏江南就要回购鼎晖创投手中的股份，而且必须保证鼎晖创投的合理回报。

然而，在俏江南想要在 A 股 IPO 的时候，刚好赶上了证监会整肃创业板的时间点。同时，2012 年有关政策出台，让高端餐饮严重受挫。俏江南不能按照约定上市，又没有足够的资金回购股份。于是，鼎晖创投使用了领售权条款，将手中的股权出售。

此时，欧洲私募股权基金 CVC 计划收购俏江南。他们利用俏江南遭遇的困境，压低价格收购俏江南的股权，这让鼎晖创投就算卖了自己 10% 的股份也无法满足合理的回报，结果，俏江南必须出售 50% 以上的股份才能填补鼎晖创投的损失。这时，又激发了“清算优先权条款”。

2014 年 4 月，CVC 最终以 3 亿美元的价格收购了俏江南 82.7% 的股权。此后，CVC 又通过一系列复杂的操作，使得张兰最终被迫“净身出户”，彻底失去了在俏江南的全部股权。

其实，早在申请上市遭遇不顺时，张兰就曾抱怨说：“引进他们（鼎晖）是俏江南最大的失误，毫无意义。民营企业家交学费呗。他们什么也没给我们带来，那么少的钱稀释了那么大股份。”但是，协议早已签订，张兰也只能是“悔之晚矣”。

二、王石与“野蛮人”

2017 年 6 月，王石通过朋友圈宣布：自己将不再作为万科董事，将接力棒正式交给郁亮。王石的离开，在万科经历了股权之争后变得似乎顺理成章。他的离开，代表万科一个时代的结束。

1984 年，王石在深圳创办了现代科教仪器展销中心，经营办公设备、视频器材的进口销售业务。1988 年，通过股份化改组，公司更名为“深圳万科企业股份有限公司”，并正式进入房地产产业。

1988 年进行股份制改革时，原计划王石可以获得 4100 万股本中的 40%，但他在最后一刻放弃了。王石说："之所以放弃资产，第一，我觉得这是我自信心的表示，我选择了做一名职业经理人，不用通过股权控制这个公司，我仍然有能力管理好它；第二，在中国社会尤其在80年代，突然很有钱，是很危险的……在名和利上只能选一个，我就选择了名。"此后，万科又放弃了其他业务，专营房地产。

1994年12月，万科荣获深圳市颁发的"深圳市第一届优秀企业金鹏奖"，但股权分散给万科带来了无穷的后患。万科管理层能够持续不断地为股东创造价值，使得资本争相追逐，但当资本得手后，管理层却面临命运不在手的窘境。

1994年，上市三年的万科就被低迷的资本市场盯上了。当时君安证券联合4家股东，试图进入万科董事会。他们占有万科10.73%的股权，准备通过以特别股东大会的方式，对万科董事会进行改组。

但是，在王石的一系列操作下，试图改组万科的联盟发生了分裂，而君安也不得不与万科董事会握手言和。

此后，华润入主万科。2004年以来，华润系对万科持股比例一直维持在15%左右，2006年，曾达到过16.3%的峰值。

2015年，"宝能系"旗下的前海人寿及其一致行动人持股万科达到15.04%，成为万科第一大股东。此后，在王石的游说下，华润再次增持股份，重回第一大股东的位置。

但是，"宝能系"的进攻从未停止。此后，钜盛华将自己的持股比提升到23.52%，而王石也通过引入深圳地铁集团的方式进行对抗。在万科的内部讲话中，他将“宝能系”称为“野蛮人”（王石在后来的采访中解释自己并没有用过“野蛮人”这个词，而是称此事为“恶意收购”），明确表达了不欢迎“宝能系”的态度。但是，王石通过增发股票，削弱“宝能系”和华润的股份的计划，由于摊薄了股东的分红，自然无法得到华润的同意。结果，华润正式站到了宝能一边，并联合发起动议，罢免了以王石为首的万科董事会。

在万科股权之争达到白热化的关头，有人曾经提出过这样的建议：王石说服深圳地铁让步，减少股份支付比例，做第二大股东，让华润保持单一第一大股东。这样让双方互相制衡，管理层还有操作空间。否则，一旦方案被华润否决，王石就只能面临失败的结局。但是，显然王石并没有听到，也没有机会真的这样做了。在“野蛮人”的进攻下，王石最终黯然离开了万科。

第十章 创始人 VS 投资人

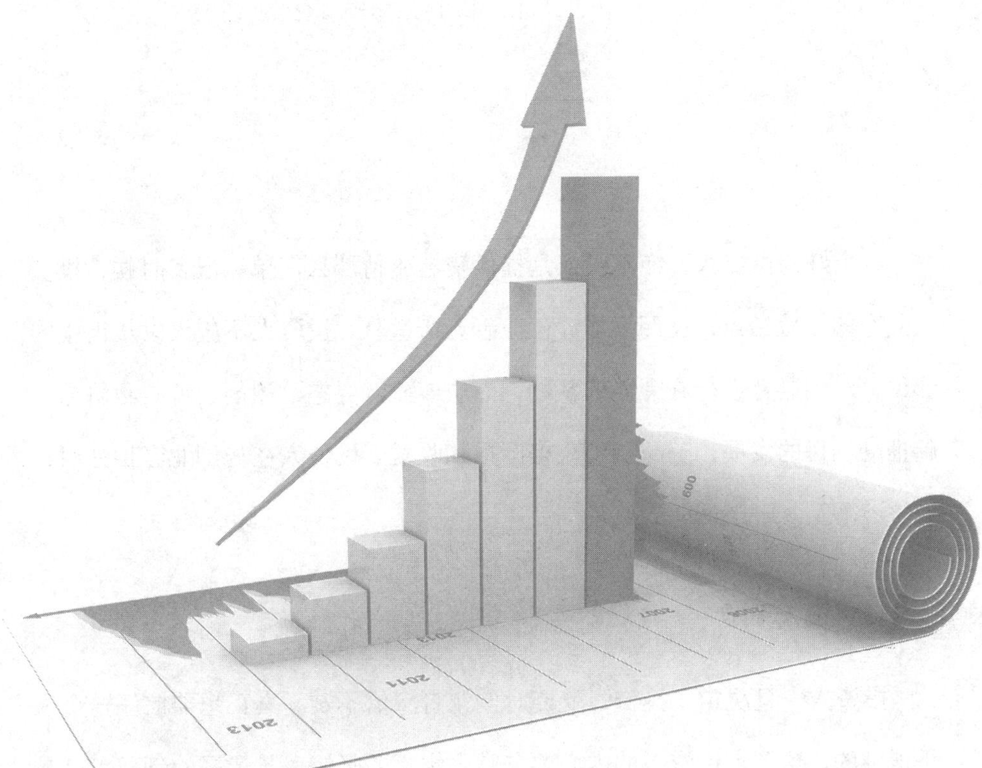

第一节 投资人应该怎样对待创业者

一个好的投资人，绝不仅仅是提供资金支持那么简单。很多时候，投资人隔空的无效指点，反而只能让创业者无所适从。投资人不应该以救世主的形象，对创业者进行施舍性的帮助，而应该放低姿态，和创业者同心协力一起推动项目的发展，一起从中获得回报和收益。投资人在与创业者相处时，应该遵循以下几方面的原则。

一、投人不疑

投资人一旦决定了投资，就要对创业者深信不疑。真正想要信任一个人是很难的，这要求投资人的内心要非常坚定，要坚信自己选择的创业者就是这个品类里最后的赢家。

投资人和创业者的关系，就像两个人谈恋爱结婚。谈恋爱时，双方处在甜蜜期里，彼此只看到对方的优点，而把缺点忽略不计。投资人在投资之前，会看重创业者的潜力以及诸如聪明、韧性或者执着之类的闪光点。

而决定投资项目进入推进流程，投资人可能会发现创业者身上的一些问题。有时，投资人会觉得创业者某方面的操作不合适，甚至会怀疑创业者的能力。而这样的怀疑，很可能会是一些矛盾的开始。

要想投人不疑，投资人必须接受一个现实：几乎所有的早期创业项目都是千疮百孔的。决定不投资一个项目可以列出千百个理由，但是一旦决定了投资，就要对创业者深信不疑。如果投资人跟创业者沟通几个回合就丧失了信心，就开始寻找替代方案，这样的项目是根本不可能做好的。

二、并驾齐驱

投资人不要站在远处指手画脚，而是要站在创业者的角度合伙创业。投资人投资一个项目后，投资人和创业者的关系或多或少地会变得微妙。作为项目的掌舵人，创业者有自己的切入点和推进节奏，但投资人也有自己的意见和建议。没有哪一个投资人是怀着为企业添乱的目的而进行投资的，但是总有一些经验不足的投资人，他们热衷于为创业者提出各种建议，却往往是帮了倒忙。很多投资人给项目提意见，在创业者看来，却成了在干扰项目投资的进度。那么，该如何避免这种尴尬情况的发生?

在项目投资后，投资人可以调整一下自己的角色，把自己想象成创业公司的一员，想想这时候应该做些什么，甚至一起办公，把自己切身融入项目之中后，提出的意见和建议会更中肯，提供的资源才能雪中送炭。所以，投资人应该是创业者的联合创始人，而不是站在对面的指挥者。

三、减少噪音

对于投资人的声音，创始人往往是十分重视的。为了防止出现不必要的信息干扰，投资人的信息输出就要尽量简练、完整而重要。投资人尽量减少无效的信息输出，尊重创业者的节奏，不要在过程中时不时地打乱、点评、指导。消除这种噪音，可以让创业者更专注地确定项目决策，推动项目的发展。

四、长期投资

很多时候，投资人和创业者的关系，可以像朋友那样，无论遇到什么艰难险阻，都不离不弃、休戚与共。如果投资人和创业者，能相处得像朋友或者像家人，那么就是一种成功的关系。

投资人确定了投资，只要能和创业者像朋友、家人一样彼此信任，一起创业一起成长，即使项目失败了，只要创业者还有创业的心劲儿和韧劲儿，总有一天会有所成就。

很多独角兽企业，都是创业者几经探索后发力的明星项目。仔细观察后就会发现，这些独角兽企业多多少少都有早期投资者不离不弃的身影。对投资人来说最遗憾的是，一直投资一个创业者却没坚持到底，创业者取得成功的项目他却早早退出。

第二节　创业者如何和投资人相处

创业不易，创始人也很难与投资人达到携手同心的状态，但是，水火不容的案例却比比皆是。对于二者的关系来说，最起码也要如水与油一般，虽然互不相溶却能达到一定的平衡。企业要想得到更好的发展，除了需要改善经营环境，需要投资人换位思考等，最需要的是创始人的自律和胸怀。创业者与投资人相处时，一般要注意以下几个问题。

一、建立定期联系制度

创始人为了让投资人了解公司的运营情况，应该定期向投资人进行总结汇报。比如每月进行月报，公司有什么重大事项决策，也应该提前和投资人沟通，征求一下投资人的意见。

有些投资方对于被投项目的汇报类目、频率、形式等都会有明确的要求，甚至有专门的汇报模板，创业者只要按照相应的要求去沟通就行了。如果投资方没有明确要求，创业者最好保持每月一次的沟通频率，形成一种稳定、规范的沟通机制。建立定期的沟通机制，有利于深化双方的互信关系，提高创业团队专业负责任的口碑。对于一些业务快速发展、管理动作未能及时跟上的创业团队，向投资方汇报的过程，其实也是自身内部管理反思的过程。

创业者向投资方汇报的内容，可以从产品、运营、人事、行业竞争、发展规划这几个方面入手。汇报材料尽量简洁清晰，把事情说清楚即可。

除了定期的正式汇报外，定期进行非正式的交流也很有益处，比如创业者可以和投资人就最新的一些行业动态进行交流沟通，这对维持和促进双方的关系都会起到积极作用。

二、积极争取投资人的支持

善于主动沟通的创业团队，往往能够获得投资人更多的支持。这种现象背后的原因是：双方进行有效的沟通后，投资人对公司发展的脉络和历史沿革更加了解，便于更加有针对性地提供帮助；投资人在与团队的后续互动中，会增加对创始人的信任度，更乐于提供帮助；经过沟通后，投资人对于提供何种资源以及相应结果，能够有更加明确的预期。

如果创业团队不重视与投资人的沟通，甚至出现与投资人配合消极等情况，在关键时候争取投资人支持的难度就会变得很大。没有足够的互动沟通来加深信任关系，在关键时刻却去征求投资人的支持，这样的创业者往往难以得到投资人的信任。创业团队在争取投资方支持前，要提前做好准备。

创业者在寻求帮助时，要清晰地思考需要哪些资源，最好能够给出操作性定义。对于优秀的创业者和投资人来说，最宝贵的资源就是时间。因此在沟通前做好准备，表述时条理清晰，有利于创业者在沟通后能够更好地实现项目落地。另外，可以简单评估一下资源获取的预期工作量，如果创业者需要投资人的资源比较大或者周期较长，就需尽早向投资人打招呼，也方便对方尽早做出安排。

三、沟通新的融资计划

从法律上说，签署新的融资协议需要所有股东签字。从实践上说，因为创业者与上一轮投资人沟通不畅而导致融资失败的事情常有发生。所以，创业者进行新一轮融资时，应该和上一轮投资人进行沟通。

在进行新一轮融资前，创业者可以请老投资人帮忙评估预期的可行性，至少对必成结果、期成结果、底线做到心中有数。创业者在尊重投资人意见的同时，一定要自己去做最终决策。因为老投资人作为既得利益者，很多时候并不能完全客观冷静地评估融资形势。在实践中，确实出现过老投资人固执地坚持自身利益，忽视项目方长远利益，导致融资失败项目解体的情况。

第三节　投资大佬和创业者的相处之道

投资人和创业者既然决定了携手合作，就应该相亲相爱走下去。双方同心协力，为了共同的目标而更好地融合在一起，才能取得互惠互利的双赢结局。在投资圈，一些投资大佬和创业者的相处之道，就值得投资人学习和借鉴。

一、把创业者当作朋友

在投资一个项目前，很多投资人往往会先“看人”，所谓投资就是“投人”，就是这个道理。投资圈有一种说法：如果人找对了，项目错了可以更换项目，还有卷土重来的机会；但是人找错了，那就什么都完了。

投资人在决策投资前，会在创业者身上花费更多的时间和精力。如果有适合他们的项目，投资人也会第一时间想到看中的创业者，并尽力去帮助他把项目做好。

二、把创业者当作知己

因为牵扯到利益，投资者和创业者好像很难成为知己。其实也不然，能与创业者处成知己的投资人并非没有。

所谓的知己，更多的是彼此能够在精神上产生共鸣。其实，很多投资人勤奋、吃苦耐劳的程度也不亚于创业者。他们对事业表现出来的忘我精神和执着追求，往往会让二者产生一定的精神共鸣，从而擦出知己的火花来。

著名投资人许小林曾说："你想配得上创始人，让他以平等的心态尊重投资人，而不是只尊重你的钱，你就一定要在精神层面上跟他保持一致。"许小林认为，投资的过程其实也是向企业创始人学习的过程，他深深地感觉到了创业者对事业的激情澎湃。

三、把创业者当作家人

随着资本市场的风生水起，投资人所面临的工作压力越来越大。在工作之余，很多投资人通过各种方式提升自身能力和自我修养，以适应行业发展的要求。随着投资人自身的提升和改变，他们对待创业者的态度也发生了很大的转变。

道生资本的创始合伙人吴彬说："创始人花费了好几年的时间，对企业寄托了那么多期望，结果没有做成，他的压力已经很大了。所以，首先投资人不要发脾气，不要有情绪。"他经常会主动去安慰创业者，鼓励他们继续前进。如果投资人都能像吴彬那样设身处地为创业者着想，把他们当家人看待，那么创业者肯定能和投资人相处好，然后一起努力让企业向更好的方向发展。

四、投资人要有导师风范

投资人无论是看中了项目，还是看中了人，既然最终选择了投资，对于被投企业，就应该给予更多的信任和发展空间。投资人可以适当地对企业进行投后管理，在企业发展的关键节点上给予战略性的建议和意见。但是，企业的长远发展，最终还要靠企业自身的团队。

谈起投资人和创业者的关系，源政投资董事长杨向阳说："作为投资者联合创业去深度参与企业发展的时候，投资人要指点，但是不要指指点点，大家可以通过前期的讨论，在战略层面达成深度的共识。有些事情对于投资人来说是复盘，但是对于企业创始人和团队来说可能是在下棋，所以投资人要有容忍、包容的态度，要给对方成长、试错的空间。"

第四节　雷士照明吴长江：三次被驱逐到身陷囹圄

在中国的商业史上，雷士照明创始人吴长江势必要留下自己的印迹，不是因为成功，而是因为教训。

据媒体报道，2016 年 12 月 21 日，雷士照明原董事长吴长江因挪用资金罪、职务侵占罪，被判处有期徒刑 14 年，并处没收财产人民币 50 万元，责令退赔人民币 370 万元。吴长江是中国民企历史上唯一一个被三次驱逐的创始人，创造了中国商业史上的另类“奇迹”。

一、吴长江的“三次被逐”

1. 第一次被驱逐

1998 年，南下 6 年已挖到第一桶金的吴长江，在惠州开始了自己的照明生意。他和高中同学杜刚、胡永宏，建立了三足鼎立的合伙人模式，当时吴长江提议："我出 45 万，占 45% 股权，你们俩出 55 万，各占股 27.5%"。其实，当时经济实力占优的吴长江完全有能力再出 6 万，让自己的占股达到 51%；但吴长江却认为控股权不重要，兄弟情义才能成就其存在感。"亲兄弟，明算账"，而吴长江这种只讲义气不讲规则的做法，也为自己埋下了隐患。

三人合伙后，雷士照明风生水起。2002 年，雷士照明进行股权调整，吴长江从雷士获得了 1000 万元，使三人股权均等为 33.3%。对于股权调整的原因，吴的解释是公司分红时他拿得最多，他是出于兄弟义气主动稀释自己的股权。外界却传言，吴长江有赌博的恶习，这 1000 万元是他用来偿还赌债的。

3 年后，三位创始人爆发了激烈的冲突，杜刚、胡永宏要求吴长江退出公司，而公司也将补偿给他 8000 万元。但是，吴长江却发动了全国各地的 200 多个供应商和经销商，以及公司的中高层干部，以举手表决的方式，全票通过让二人退出，吴长江继续掌管企业的决定。由供应商、经销商"反水"，决定一个企业高层的人事变动，这样的人事任命方式，在中国企业史上可以说是难得一见。最终，二人被迫同意了公司的决定，各拿 8000 万离开了公司。

2. 第二次被驱逐

1.6 亿，对于当时的雷士照明可不是个小数目。按照三方约定，吴需要向杜、胡首付 1 亿元，并在 2006 年 6 月 30 日前付清另外 6000 万，否则对方将有权利拍卖雷士的品牌及公司资产。吴长江该去哪里凑齐这 1 亿元呢？

这时，亚盛投资创始人毛区健丽出现了，她作为吴长江的财务顾问，先后两次牵线搭桥低价入股，最终引入了软银赛富的阎焱。两次贱卖股权后，吴长江的股份已从 100% 稀释到了 41.79%，阎焱占股 35.71%。

在这之后，吴长江又从自己的持股中，拨出 5800 万股，还给了曾借给自己 200 万美元的联想控股股东黄少康。自此，吴长江的股份与阎焱差距更小。

2008 年，雷士收购世通投资，吴长江也将高盛引入。阎焱不愿稀释股权，跟投 1000 万美元。此时，吴长江却因资金紧张无法跟投，最终导致软银赛富成为第一大股东。

2011 年，在阎焱的牵线下，雷士引入法国施耐德电气作为雷士第三大股东。到了此时，面对财务投资人阎焱与产业投资型“大鳄”施耐德的联手，吴长江在雷士照明的地位已经岌岌可危。

为了保证自己的第一大股东位置，吴长江与汇丰银行签订“看涨股权衍生品交易合约”，在二级市场增持股份。这样的操作，也为后来的一系列冲突埋下了隐患。

在公司的运营管理中，阎焱和吴长江的矛盾开始加剧：阎焱想要引入现代企业管理制度，而这却与吴长江讲究“兄弟义气”的管理方针背道而驰。不久，二人爆发了冲突，合伙人矛盾激化，最终爆发了 2012 年的内讧。阎焱批评吴长江竟将公司的资金用于赌博，而吴长江则将阎焱斥为想要占有民族品牌的“野蛮人”。

在经过了激烈的冲突后，德豪润达的王冬雷出现了。他通过从吴长江手中和二级市场收购股权，让自己成为企业的第一大股东后，又通过向吴长江增发股权使他成为公司的第二大股东。这一操作，不仅让吴长江得以重回雷士照明的 CEO 之位，也让德豪润达摆脱了濒临破产的困境。

3. 第三次被驱逐

谁也没有想到，吴长江和王冬雷的“蜜月期”仅仅持续了两年就结束了。两个人在处事方面都十分强势，都希望能用更多资源拯救嫡系，而股权占据优势的王冬雷显然更有权力。曾经共同奋战的“生死兄弟”，在短短两年时间中，就变成了对方口中的“大恶之人”“粗人”。

2014 年 8 月 8 日下午两点半，在雷士照明的董事会会议上，毫不知情的吴长江被董事会罢免，他的一些亲信也被罢免。电话会议上，吴长江怒吼：“是王冬雷打击报复！”而王冬雷则直接带人去吴长江的办公室抢夺公章，还打伤了吴长江的助理和司机。在警察和双方律师的干涉下，二人单独聊了二十分钟，却没有起到任何作用。

这次内讧的导火索，还是吴长江挪用资金的恶习和赌博的传言。在董事会会议三周前，吴长江向王冬雷承认，自己在外欠债 4 个亿，每月都有人来要债。这一次，王冬雷录了音，并指控吴长江挪用公司资金还赌债，给供应商和经销商打白条。据传闻，施耐德在雷士召开大会，第一个问题便是：“吴长江欠你们多少钱？”

而吴长江则矢口否认，并表示，王冬雷是打击报复他们对王冬雷的广州公司的调查。而这一次，经销商再也没有耐心去支持吴长江了。二十多天后，在临时股东大会上，参与投票的 38 家经销商，有 33 家同意了罢免吴长江的决定。

此后，王冬雷向警方报案，举报吴长江挪用公司资金。最终，吴长江被法院判处有期徒刑 14 年。

二、为何“生死兄弟”最终反目成仇

投资人与创业人从相识到相互了解，最终做出是否融资的决定，肯定是基于某种相同的目标。因为创业人所追求的企业发展也正是投资人所追求的利益最大化，因此，两者的诉求在某种程度上保持高度一致，这即是所谓契约精神。

对创业者来说，投资人所代表的资本市场不可或缺，一旦顺利与资本结合，成长中的创业公司就有希望凭借资本的力量，在最短的时间内甩开竞争对手。同时，创业公司的发展和壮大，也会为投资人带来相应的资本收益。

对投资人来说，因为他们无法真的驾驭公司方向，也难以像创业者那样为自己的事业全力以赴，因此，他们离不开创业人。

从某种意义上讲，投资人和创业者一旦签署了合作协议，双方就是鱼和水的关系。彼此只有慢慢培养出默契和感情，才能达到互利共赢的效果。

在实际操作过程中，创业者与投资人的成功结合并不意味着未来的一切都是美好的。创业者和投资人的结合，往往是企业与资本对接、运作的开始。虽然投资人与创业人都是以博取更大利润为终极目标，但双方的关系是一种相互利益既统一又对立的辩证关系。资本注入企业后，创业人与投资人之间就不可避免地要发生各种较量与暗战。

吴长江被驱逐事件，被媒体解读为创业者与投资人的控股权之争。在控股权之争的背后，实际上更存在着一种游戏规则、价值观和理念上的分歧和较量。这种分歧和较量，甚至贯穿企业与资本结合的始终。

首先，在游戏规则的制定上，投资人显然占据了主导权的位置。投资人在与创业人谈判时，首先要保障自己的利益，实现投入资本或权益的保值增值。因此有经验的投资人就会通过法律制度、市场机制和公司治理的安排约束创业人，以便转移转嫁风险。比如，在投资人的投资条款中一般会规定："若企业在约定时间内未上市成功，企业需将投资款项如数归还，并支付利息等。"投资人以此实现无风险运作，损失的只是机会成本，而创业者则可能因此而陷入困境。这种投资人利用法律制度、市场机制、创业人自我保护意识和能力欠缺而采取的控制权争夺，在商业世界的竞争中虽显残酷，但在法律和规则方面却是无可厚非的。

从决定融资那一刻起，创业者就要清醒地认识到，所有的投资人都是以追求资本的增值为最大的动机。投资方的唯一目的，就是要创业人创造数倍的回报价值。因此，创业人要在充分评估公司现状和发展前景的情况下引入合适的资本方，双方的价值观以及发展理念是否相同，是决定融资与否的前提。

其次，创业者要懂得向投资人说不。创业者要和投资人有明确的协议，包括将来投资人退出的方式，要通过合同来制约。很多创业者总认为公司是自己的，投资人不会撼动其在公司的主导地位，所以不做任何约定，这是一个非常大的误区。

第十一章 制定合理的退出机制

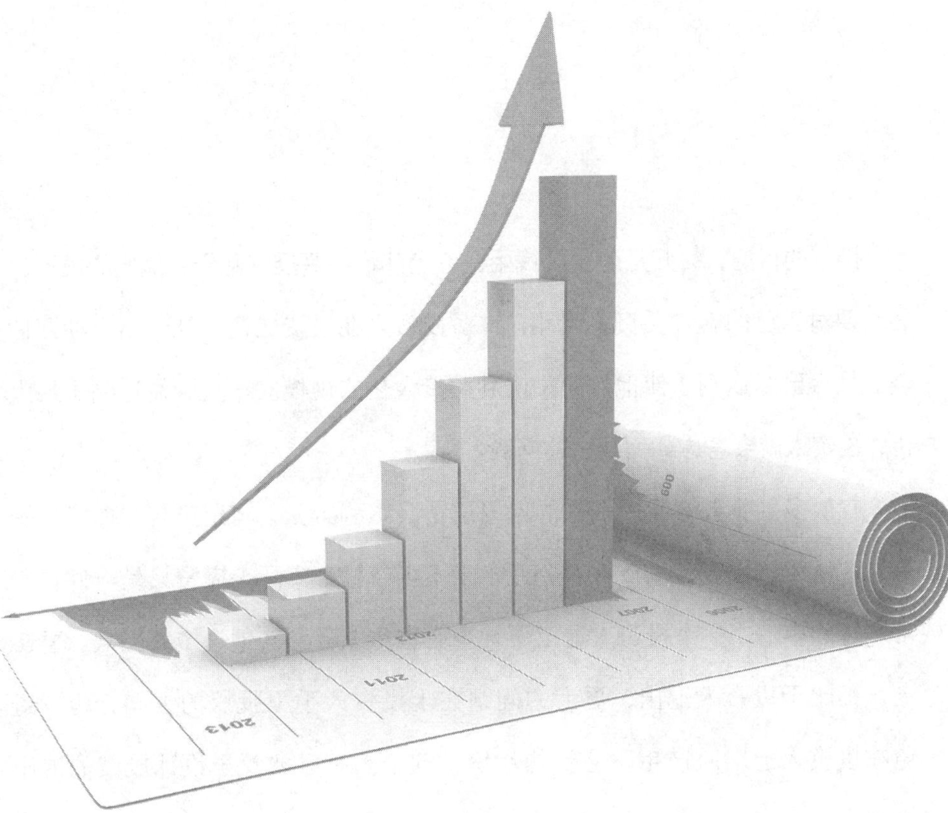

第一节　投资人退出机制

投资的目的，终归是为了以钱生钱。尤其是私募投资基金，他们的投资，必须要对自己的客户负责。因此，许多投资人在投资之初，就会不定期评估企业是否已经达到了使他们的投资利益最大化的规模。一旦利益达到了最大化，投资人就会考虑如何退出的问题。

有很多创业者对于投资人的退出总是会感到紧张，将退出与“撤资”画等号，认为这代表了投资人对企业未来不再看好。实际上撤资只是一件再平常不过的事情，一个投资人退出了，企业也可以吸引其他投资人加入。事实上，相比于投资人退出，更大的问题在于投资人手里股权的去向。为了避免在投资人退出时产生不必要的纠纷，创始人有必要及早设计投资的退出机制。

一、设计好投资退出机制

1. 设计好退出机制并落实在协议上

保证创始人有优先回购权，并利用个人积累、公司盈余或次轮融资回购这些股份（回购的资金主要来自于下一轮融资）。一般来说，在下一轮融资落实前，投资人并不会立刻提出退出，因为创始人不一定拥有足够的资金进行回购，投资人的股份也很难出售或只能卖到较低的价格。如今，企业进行股权融资已经是一件十分平常的事情，除非企业已经到了濒临破产的境地，否则投资人没有必要忍痛止损。特别是天使投资人，往往会陪伴企业到 B 轮甚至上市，而投资机构则会因为自身的一些原因而忽然做出撤资的决定。

2. 尽早寻找次轮融资

企业的融资，要追求“小额多轮”。这样的融资方式，要求企业要在一轮融资结束后马上筹备下一轮融资、接触其他投资人。这在某种程度上也可以缓冲投资人突然撤资造成的资金链断裂。只要事先准备好，投资人的离场就不会对企业产生太过严重的影响。

3. 与投资人保持紧密的联系

如果你平常注意与投资人搞好关系，或至少保持较高频率的规律性联系，投资人一般不会突然通知企业决定退出。一旦投资人对项目产生疑虑，经常接触投资人的你就可以及早发现，此时进行交流的效果也远比投资人决定退出时再交流要好得多，也会减少对公司日常运营造成的影响。如果创始人实在无法理解投资人退出的原因，这就意味着创始人和投资人之间的信息不对称已经比较严重了，所以创始人要让投资人对公司现状的理解保持同步。另外，假如投资人有意撤资，创始人也能察觉到一些迹象。

4. 明确公司的股权架构

在一些规则制定不明确、股权架构混乱的公司，有时也会出现投资人通过二级市场出售自己的股权，在创业者不知情的情况下实现退出的可能。从最开始的股权架构和协议抓起，确保任何股权变更都要得到创始团队的确认，才能实现对投资人的限制，保持对公司股权的控制。

二、投资人退出后要及时进行补救

在设计好退出机制后，创始人就可以很大程度降低投资人撤资的可能，也可以有效地减轻投资人撤资对公司带来的负面影响。但如果客观条件已经不允许创始人立刻设计退出机制，以下的补救手段也可以让创始人尽可能地降低损失。

1. 与投资人进行细致深入的交流

适用于创始人不能理解投资人为何要退出的情况。如果投资人没有正确地了解企业的情况，创始人就要及时地通过沟通消除误会，并从交流中认识到公司存在或潜在的问题。同时，创始人也要及时反思，是不是之前的交流都太没有意义，或者干脆就是交流太少。

2. 审视公司现状，决断公司未来

如果投资人撤资是因为公司发生了重大问题或实在没有前景，且创始人也理解投资人的担心，那么在尽量回购股份之后，创始人就要冷静思考企业是否还真的有前途，能不能拿到下一轮融资。如果答案是否定的，那么创始人最好的做法便是快刀斩乱麻，直接选择清算。干净利落的收尾会给投资人留下好印象，为你的下次创业打下基础。

可以明确地说，在避免撤资方面，提前建立好退出机制能够起到 90% 的作用。制定合理的股权架构、迅速寻找下轮融资是公司管理的重中之重，也是身为创始人必须负责的问题。

第二节　合伙人股权退出机制

在充满了坎坷的创业之路上，创业团队总是会发生人员的变动，即便是核心人员出现流失的情况也极为正常。但是，如果合伙人退出，他们的股权就会变成公司发展道路上的不安定因素。应该如何处理，才能让公司妥善解决这一不安定因素呢？

一、事先制定退出机制

所谓未雨绸缪，只要在创始之初就制定好相关的退出机制，无论合伙人选择在何时退出，都能有相应的机制来解决股权问题，企业就能做到有备无患。

公司不是某一个人的，而是大家共同奋斗的成果。如果有人选择了退出，那么其所持有的股权也应该被公司收回。这不仅是对继续为公司奋斗的合伙人的一种公平，更是公司稳定发展的保证。

二、明确股权回购的方式

既然已经有了相关的退出机制，那么当有人退出时便可以按照既定的规则来进行股权回收。具体的价格，要参考当时公司发展状况进行估值，可以进行适当的溢价。

三、设定较高的违约金

有的合伙人在离开公司后，还对公司的前景抱有一定期望，因此不排除会有不愿退回股权的事情出现。为了杜绝这一情况，在签订股东协议时不妨事先规定相关条款，一旦出现这种情况就需要支付高额的违约金。

四、股权退出的三个法律问题

在合伙人股权退出过程中，有三个法律问题值得每个创始人重视。

1. 针对股权制定的相关机制是否能写入公司章程

在我国，企业所使用的章程模板通常都是由工商管理部门指定，而我们上述的那些相关机制是很难写入公司章程之中的。但是，公司可以与合伙人另行签订相关的协议，这类协议只要符合法律相关规定，就可以发挥它的实际作用。当然，最好是做到此类协议与公司章程不会产生冲突，一旦有相冲突的地方，则需事先规定以股东协议为准。

在确定回购价格方面，创始人也可以根据以下两点，确定回购的价格。

首先，创始人要承认退出的合伙人曾经为公司做出过贡献，并以贡献为基础，进行全部或部分股权回收。这一原则的坚持其实是公司建设企业文化的一个重要组成部分，不仅保障了双方的权益，又能维持企业长远发展。

其次，在界定回购价格方面，公司必须考虑到影响价格界定的各方面的因素。这些因素包括：退出者之前购买股权时的价格、其所持有的股份按照比例能够分配的资产或利润、近期内公司是否曾进行过融资估值等。溢价的问题也要考虑：何种因素需要溢价、何种因素需要折价等。目前，很多企业，特别是互联网企业都面临着一种尴尬的情况：上市时的估值很可观，但其资产负债表却不乐观，这种情况也左右了公司在决定退出价格时对价格基数的选择。

在此种形势下，必须要具体分析公司所采用的商业模式，并以此为依据来确定退出价格，否则就会让双方都受到损失。如果以退出者分配净利润的一定溢价为依据，就会让曾经做出贡献的合伙人产生损失；如果以最新的融资估值为依据，那么公司又将面临庞大的现金流压力，影响了日后的进一步发展。

2. 合伙人离婚，应如何处置夫妻共同财产中的股权部分

进入 21 世纪以来，全球范围内的离婚率一直处于居高不下的状态，而离婚率偏高的群体恰恰就是企业家群体。“清官难断家务事”，普通人尚且会因夫妻共同财产处置而产生纠纷，更何况有着公司股权等诸多财产的企业家呢？更重要的是，股权处置绝非夫妻二人之间的事情，还会有一定的社会影响，

更严重的是还会影响到企业的发展。比如土豆网，就是因 CEO 离婚而错失上市良机，最终被竞争对手收购的。

企业家离婚不仅会导致家庭人员的变动，还会影响到公司的实际控制权。在法律意义上，婚姻期间的财产属于夫妻共同财产，可以自行约定归属。在土豆网 CEO 婚变事件中，土豆网的投资人今日资本就曾被爆出要在未来的投资中设立“土豆条款”：投资之前，要对创始人的配偶进行调查。（网上也流传着另外一个版本的“土豆条款”：配偶签订协议，不享有公司的股权。但这一条款在法律上并不具有实际效力，现实中也基本无法操作。）对此，今日资本的总裁徐新也只能报以苦笑：“谁也不能保证你访谈完了就不会出现问题，也不能保证能白头到老。”

3. 合伙人的股权与贡献不匹配

合伙人获得股权，与合伙人为公司付出努力往往不是同时存在的。因此，很多合伙人在退出时，会出现获得股权与贡献不等同的情况。要解决这一问题，可以从三方面入手。

其一，在分配股权之前创始团队内部先进行磨合。

其二，合理运用期权池，留出一定的调整空间。

其三，制定并完善股权的相关机制。

第三节　联合创始人退出的“成熟机制”

当下，大多数人几乎言必谈“创业”，仿佛创业是一件轻而易举之事。事实上，绝大部分创业者，都会在几年时间便宣告失败。能够创业成功的，只有极少数人。而且，即使能够找到合理的模式，找到“蓝海”，股权问题也极有可能让创业者功亏一篑。

在创业的初始阶段，创始团队并不稳定，人员的进进出出、来来回回都是司空见惯的现象，但股权问题却不能随着人员进出而自动解决，多数情况都是人走了股权也没留下。这对于那些苦苦支撑继续创业的合伙人来说，既无奈又心酸。

“亲兄弟明算账”，关系再亲密，创始人在创业时，也要预先设计好针对股权问题的机制，合伙人中一旦有人退出，其手中的股权就会被收回。

一、联合创始人离职时，收回他的股权

很多创始人在创业初期，由于资金等各方面的原因，往往需要寻求一个志同道合的合伙人，让自己的计划得以实现。此时，很多人会选择均分公司的股权。

创业之路总是充满着艰难困苦。有的合伙人可能顶不住压力，而选择退出。留下的人，在克服了各种艰难险阻后，终于取得了一定的成绩，并获得了投资机构的青睐。

但就在创始人即将收获成果时，早已退出的合伙人却忽然出现，并凭着他手中一半的股份要求分得一半的收益。

于情于理，创始人都应该将收益分给他一部分；可是创始人对公司做出的贡献显然远大于早早退出的合伙人，给他，又对不起自己多年的艰辛。

这一问题，几乎每一个选择联合创业的创业者都会遇到。到底如何应对早早退出的合伙人的要求？如何才能让双方都满意？其实，针对这一问题，是有相关的解决方案的，只是大多数的创业团队在创业伊始对此并不重视。隐患如果不及早解决，最终将会影响企业的进一步发展。

如果创业团队早在创业之初，就根据实际情况制定一种针对创始人手中股权的机制，具体而言就是针对那些在创业之初就分配好股权的情况，如果有人中途退出，其手中持有的股份就要被收回。

对于这样的机制，可能会有很多人认为是一种股权的限制，会损害创始人的权益。然而事实恰恰相反，这在根本上是保护了创始人的权益，因为它

在坚守的创始人和离开的创始人之间起到了一种平衡的作用，合理地平衡了双方的利益。

可以说，这一机制能够为创始团队以及创业企业保驾护航：一方面，如果离开的创始人能够保留股权，那么坚守的创始人可能会因此感到受挫，而这一机制的实施则杜绝了这一隐患；另一方面，有了这一机制也能够将每一位合伙人都凝聚在一起。

二、让联合创始人一批一批地获得股权

对于创始人来说，股权的获得与其在创业初期为企业所做出的贡献是密切相关的。但是，创业总是要花费很长的时间，创始人的贡献也不能立竿见影。根据这一客观实际，创业公司其实可以将股份与创始人在这段时期内的报酬挂钩，将分配到每位创始人手中的所有股份分成若干份，每隔一段时间发放部分股份。

这种机制可以分为两种模式：期限模式与目标模式。前者是指按期限来进行股份发放，期限可以定为两年、四年，也可以是三年、五年；后者则是指按目标来进行股份发放，在阶段性目标完成后，就可发放股份。

1. 期限模式

期限模式是较为常见的一种模式，受到了许多创业团队的欢迎。一般来说，大多数创始团队在采用此模式时都将成熟期限定为四年，其中第一年比较关键，也是最短的服务期限。在此期间，只要创始人能全身心地投入到创业中，

就可以在达到期限后获得其全部股权的 1/4。此后，公司可以每月或每个季度都发放股份，并在四年后将所有的股份发放完毕。在这样的情势下，如果创始人中途离开了，就需要根据其在创业公司中的服务期来实施不同的股份处理办法。而对于那些没能为公司服务满一年的创始人，如果他不能为公司服务一年，他就不能满足协议中最短服务期的要求，公司就会回购他手中的全部股份。

如果他在做满一年之后离开，那么他手中就已经有了其全部股权的 1/4，余下的部分就会被公司回购，他也能根据服务期而获得公司 12.5% 的股权。

2. 目标模式

目标模式，同样也是比较常见的一种模式。创业公司往往会选择将目标作为公司分配股权的依据，而不再以服务期限作为参考标准。

以互联网产品开发为例，当产品未研发成功时，创始人选择离开，此时他手中并没有任何股份，这时分配给他的所有股权都会被公司回购；当产品研发出测试版并发布之后，其分配股份的 1/4 就到手了；此后，随着正式版发布等一系列目标完成，他可以一一获得后续的股份。

其实，比之期限，目标的界定有其模糊、难以判定之处，所以在采用此模式时，创业团队必须明确目标的设定，以确保不会发生双重或多重解读的情况，否则就会出现不必要的争议。

比如，如果将目标设定为产品发布，那么想要退出的合伙人可能就会在没有经过完善时就将产品匆匆发布，这样就会对公司的名誉、利益造成极大的损害。

因此，创业团队在进行机制设定时，应该充分地、综合地考虑自己的客观实际情况，以求精准明确地设定目标。例如，产品出现了一批稳定的受众群体、融资达到一定程度、盈利达到了某一水平等。

3. 如何操纵成熟机制

既然已经有了解决问题的方案，那么创始团队及创业公司应该怎样操纵这一机制呢？具体来说，应该考虑以下六个方面。

其一，让机制在创业之前就能够确立。在创业之前就确定好这一机制并签订书面的协议，这一点极为重要。如此一来，一旦创业开始，所设定的成熟机制就会成为一种保障，确保不会因股权问题产生争议。如今，很多创业团队都会在公司成立后考虑这一问题，甚至直到问题爆发才会考虑这一问题。如果不能尽早确定的话，那么最晚也得在创业项目开始赚钱之前进行设定，否则必将引发不必要的争议。

其二，在采用期限模式的时候，规定具体期限的条件时，不能将兼职时间计入。创业公司所规定的服务期限必须以全职为准则，在创始人开始全职服务之前，无论兼职时间长短，都不得纳入计算的期限之中。

其三，同样是在期限模式下，在规定具体期限的条件时，要计算已经产生的全职服务时间。如果在此设定之前，合伙人就已经进行全职工作的话，其工作时间应该被纳入计算的期限之中。这样，那些已经工作了一段时间的合伙人，就可根据协议获得部分股权。

其四，投入资金获得的股份不在此机制范围之内。如果创始人获得的股份有一部分是通过投入资金来获得的话，这部分股权不计入成熟机制。

其五，从法律上来说，只要创始人没有正式退出公司，那么其所分配到的所有股权的全部权利都可以依法享有，已经获得的和尚未获得的都包含在其中。

其六，对于一些在国外注册的公司，制定机制也要根据当地法律法规进行修改。

第四节　投资人退出的五大方式

如今，许多投资人在投资企业时，往往都是以在最合适的时机进行出售为目的。在最为合适的时机从企业退出，投资人就能将自己的投资回报最大化。可以说，在退出之后，投资的整个过程才算是真正完成。

一、IPO 后退出

IPO 即首次公开发行股票，也就是我们通常所说的上市，是指企业通过在证券市场挂牌上市的方式，使股权投资资金实现增值。

投资人进行股权投资的目的，是通过帮助企业成长从而获得回报，而非长期持有股份。实现收益的关键是实现股权退出，其中 IPO 退出是重要的退出渠道。2016 年上半年，48 家股权投资机构支持的中企获得了 4.67 倍平均账面回报。其中，在境内市场，38 家股权投资机构支持的上市中企的平均账面回报为 2.42 倍，在海外市场，10 家股权投资机构支持的上市中企的平均账面回报高达 14.50 倍，境外市场回报远高于境内市场。其中投资回报最高的市场为纽约证券交易所，平均账面回报为 47.57 倍。

在证券市场杠杆的作用下，IPO 之后，投资机构可抛售持有的股票获得高额的收益。对企业来说，除了企业股票的增值，也体现了资本市场对企业良好经营业绩的认可，可以使企业在证券市场上获得进一步的融资。

不过在目前，随着监管体制的逐步完善，证监会等监管机构对企业 IPO 的审查也越来越严格，很多企业都需要经过漫长的审查才能实现上市。很多企业由于不愿错过转瞬即逝的上市良机，干脆选择对企业进行重组，将企业注册到国外并在国外进行上市。

二、并购退出

并购退出，是指投资机构向目标公司投资后，通过其他公司购买目标公司的全部或部分股权资产，使得股权投资机构向收购方出让股权，以实现退出。

并购退出潜在的优势，使其逐渐成为股权投资机构的重要退出方式之一。并购退出的优势主要体现在：第一，资金回笼速度快，收购方一般都为大企业，其资金规模和融资能力强，可以提供足够的资金使投资机构顺利退出；第二，交易成本低，通常只需要通过企业谈判就可以完成，避免 IPO 烦琐的程序和各种监管措施；第三，保密度高，无须 IPO 对信息必要进行披露；第四，被兼并的企业之间还可以共享对方的资源与渠道，这也将大大提升企业运转效率。

1. 并购的两种原因

从选择并购退出的原因上分析，大致可以分为两种情况：正向并购和反向并购。正向并购是指为了推动企业价值持续快速提升，将并购双方对价合并，投资机构股份被稀释之后继续持有或者直接退出；反向并购直接就是以投资退出为目标的并购，也就是主观上要兑现投资收益的行为。

投资方选择正向并购的原因，是为了推动企业价值的提升，在获得投资增值的同时产生协同效应。

2004 年，澳银外币基金投资框架传媒，2005 年框架传媒被分众传媒收购，分众先期支付了 3960 万美元现金和价值 5590 万美元的股票。框架传媒完成 2006 年的盈利目标后，分众传媒再次支付了 8800 万美元。当时，分众在楼宇、电梯广告市场形成了初步的垄断地位，其上市一年后，股价涨了 200%。这个案例就是典型的协同效应，框架的投资者赚了两道钱，第一是框架的投资增值，第二是有了协同效应之后，分众的股价上涨带来的收益。最终，澳银在这次并购中获得了 36 倍的账面回报。

投资方选择反向并购退出，这种情况往往是因为投资项目发展遇到瓶颈，IPO 遥遥无期，为了兑现投资收益不得已而为之。2014 年 6 月，澳银资本完成两起退出，其旗下华澳基金投资的航通智能被佳讯飞鸿以 2.08 亿元收购，同样也是华澳基金投资的众为兴被新时达收购。澳银在这两个并购退出案例中，分别获得了 2.5 倍和 4 倍的账面回报。

2. 如何筛选并购方

筛选并购方时需要考虑的因素很多，首先要确定并购方的性质，通常来说，并购方主要分为如下几类：一是同业资本，即同行业的竞争者；二是产业资本，即产业基金或者是产业里的龙头企业；三是证券资本，即上市公司；四是管理层回购。

其次，需要考虑协同效应。如果并购双方的业务协同效应较强，不仅能提高并购企业的估值，并购方的价值也会提升。上市公司并购需要的时间成本较高，但经过一段锁定期，持股很容易在二级市场变现，同时，投资机构还可以尝试与上市公司成立并购基金，深度挖掘其价值。

最后，要考虑并购目的和支付方式。如果并购方的并购目的是拓展上下游产业链，在并购之后，并购方可能仍需要原管理层配合工作。在支付方式上，除了以现金进行收购，目前主流的支付方式是“股票 + 现金”。

通过并购退出的缺点主要在于其收益率远低于 IPO，退出成本也较高，并购容易使企业失去自主权，同时，企业还要找寻合适的并购方，选择合适的并购时机，对公司进行合理估值等也存在不小挑战。

2016 年上半年，并购退出的规模首次超过了 IPO 后退出，这预示着未来并购退出将会成为重要的退出渠道。目前，证监会等监管部门对企业 IPO 的审查更为严格，对于寻求快速套现的资本而言，并购能更快实现退出。随着并购行业逐渐成熟，并购退出也将是整合行业资源最有效的方式。

三、股权转让

股权转让，指的是投资机构依法将自己的股东权益有偿转让给他人，是套现退出的一种方式。常见的股权转让包括私下协议转让、在区域股权交易中心公开挂牌转让等。

就股权转让而言，证监会对这种收购方式持鼓励态度，通过协议收购非流通的公众股，不仅可以达到并购目的，还可以得到由此带来的价格租金。但是股权转让内部决策过程以及法律程序都特别烦琐，这成为影响股权转让成功的主要因素。同时，股权转让的价格，也远远低于二级市场退出的价格。

四、股权回购

股权回购，指的是被投资企业大股东或创始股东出资购买股权投资基金持有的股份，从而使股权投资基金实现退出的行为。

当投资方认为所投资企业效益未达预期，或者所投企业无法达到投资协议中的特定条款，可根据投资协议要求被投资企业股东回购股权，从而实现退出。此外，被投资企业股东看好企业未来的潜力，考虑到投资方持股可能带来的丧失企业独立性等问题，也可以通过协商主动回购股权投资方持有的股权，从而使股权投资方资本实现退出。

五、清算退出

清算是指企业结束经营活动，处置资产并进行分配的行为。清算退出，是指投资方通过被投资企业清算实现退出，主要是针对投资项目失败的一种退出方式。

清算退出是不得已而为之的一种方式，优点是尚能收回部分投资。缺点是显而易见的，意味着投资亏损，资金收益率为负数。

清算退出分为两种：一是破产清算，公司因不能清偿到期债务，被依法宣告破产的，由法院根据有关法律规定组织对公司进行清算；二是解散清算，即企业股东自主启动清算程序来解散被投资企业。

清算是企业倒闭前的止损措施，并不是所有投资失败的企业都会进行破产清算，申请破产并进行清算需要一定的成本，而且还要经过较为复杂的法律程序。如果投资失败的项目没有其他的债务，或者有少量的其他债务且债权人不予追究，那么企业不会申请破产。企业会采用其他的方法来经营，并通过协商等方式决定企业残值的分配。

第十二章

那些红遍融投圈的融资故事

第一节 华夏幸福：巧用花样融资术，4 年融资 3000 亿

很多创业公司因情势所迫，硬生生把自己逼成了融资高手。他们殚精竭虑，巧用花样融资术，为企业发展融到救命资金。

华夏幸福被称为“花式融资百科全书”，从 2012 年到 2016 年，4 年的时间，华夏幸福几乎尝试了所有在中国能运用的融资方式，一共从外部融到资金 3000 亿。

华夏幸福一直存在着负债率过高的问题，这也决定了他们不可能获得过多的银行贷款。2015 年，华夏幸福市值近 800 亿，总资产达到 1700 亿，已经迈入超大型企业的行列。但是华夏幸福年财报显示，其全年银行贷款金额，只是整体融资金额的 26.94%。不通过银行，华夏幸福又是如何融到这 3000 亿元的资金呢?

一、销售输血法

众所周知，现金流比利润更重要。由于华夏幸福的产业新城开发项目持续时间过长，现金流进出严重不匹配，因此他们只能依靠住宅销售，来支撑业绩和保持资金流顺畅。而他们能常年保持在数百亿，且每年不断递增的住宅销售额，为华夏幸福规模迅速发展源源不断地注入了血液。

2015 年，华夏幸福的住宅销售额达到了 723.53 亿，2014 年是 512.54 亿，2013 年 374.24 亿，2012 年 211.35 亿。这几百亿的销售额，是华夏幸福能够实现迅速扩大企业规模，使产业新城遍地开花的重要保证。

二、信托借款

信托借款是所有融资方式中成本最高的，但是因为其门槛低、融资数额巨大的特点，往往受到地产公司的青睐。在华夏幸福的融资方式中，信托借款占据的比例为：2012 年 73%，2013 年 43%，2014 年 44%，2015 年为 40%。由此也可以看到，华夏幸福随着公司规模的发展，融资渠道逐渐拓宽，成本过高的信托融资的比例也在逐渐降低。

三、夹层融资

夹层融资，其实就是明股暗债的融资方式。表面上，华夏幸福将自己的股权转让，实际上却在转让时就约定好未来进行回购，并以差价作为利息。这种融资方式介于“债”与“股”之间，所以被称为“夹层”。

2013 年 11 月，华夏幸福旗下的北京丰科建，得到了华澳信托募资的 10 亿元。交易完成后，华澳信托对丰科建持股 66.67%，九通投资持股 33.33%。华夏幸福成了小股东，但却拥有丰科建的管理权，实现了“小股操盘”。

这样的操作还有一个好处：华夏幸福的资产负债表也可借此实现优化。由于华夏幸福只是丰科建的小股东，丰科建的资产负债表不再与华夏幸福的报表合并，丰科建的负债也不再体现在华夏幸福的合并报表之中，而变成了表外负债。

华夏幸福此后也曾多次进行过类似的夹层融资操作。他们通过与长江财富、平安信托等多家信托公司合作，将旗下公司股权转让给他们。信托公司拥有经营收益权，华夏幸福负责企业的经营管理，等到合同期满，信托公司也可灵活地选择适合自己的退出方式。

四、售后回租式融资租赁

这种方法从名字上看十分复杂，实际上却是一种十分简单便捷的融资方式。2014 年 3 月，华夏幸福把其子公司的工业园地下管线以 3 亿元的价格，卖给融资租赁公司。然后，该融资租赁公司再把管线回租给华夏幸福，华夏幸福定期向租赁公司支付租金与部分本金。两年后，协议到期，华夏幸福收回了管线——这就等于是用 3 亿元的价格回购了这批管线。

2014 年 5 月，华夏幸福再次把一部分园区地下管线以 2.86 亿元的价格卖给融资租赁公司，依然是两年后回购完毕。华夏幸福用融资租赁这种低成本的融资方式，获得了近 6 亿元的资金，不仅将没有任何现金流价值的地下管线“变废为宝”，还在一定程度上缓解了企业的现金流困境。

五、债务重组

所谓的债务重组，就是在债务即将到期前，将这笔债务转让，从而将还款日期延长，减轻企业的债务压力。这样的操作在大企业很常见。

2014 年 8 月 28 日，恒丰银行对华夏幸福子公司三浦威特享有 8 亿元债权即将到期，在经过商议后，恒丰银行将标的债权转让给长城资管，三浦威特接受该项债务重组。债务重组期限为 30 个月，对银行还款的期限也延长了。这样，三浦威特就大大减轻了债务压力。

六、债权转让

债权转让与债务重组其实十分相似，即将自己享有的债权以一定现金作价卖给第三方，相当于以一定的成本提前回收了这部分现金，加快了债权盘活和资金周转速度。很多处于快速扩张，资金压力较大的企业都倾向于采取这种融资方式。

2014 年，华夏幸福旗下的京御地产和大厂华夏就使用了这种融资方式。京御地产欠大厂华夏的 19.78 亿元中，有 18.85 亿元即将到期。大厂华夏将到期的这部分作价 15 亿元，卖给信达资产，将剩下的 3.85 亿元当作提前收回现金的成本。

而京御地产也借此机会将债务的重组宽限期延长到 36 个月，分 12 期偿还，前两次只需每 3 个月偿还 5000 万元，等到年底项目回款时再偿还剩余的 2 亿元。

这样，京御地产就能够以较为轻松的节奏偿还债务。

几天后，京御地产又将手中持有的天津幸福共计100180万元的债券转让给天方资产，作价10亿元，债务重组期限为两年，到期后一次性支付，同时按照债务重组金额的9.8%支付资金占用费费率，每一季支付一次。

七、应收账款收益权转让融资

在这种融资方式上，华夏幸福也尝试过多次，从操作方式上可以分为两种。

2016年3月，华夏幸福与平安信托签署《应收账款买卖协议》，平安信托出面设立信托计划，以信托计划项下信托资金为限购买华夏幸福享有的标的应收账款中的初始应收账款，以应收账款现金流回款余额为限循环购买公司享有的标的应收账款中的循环购买应收账款。简单来说，华夏幸福将即将收到的账款，提前出售给平安信托，从而实现以一定的融资成本提前回流现金。这与之前的债权转让基本只有一些细节上的差异。

第二种就相对比较特殊。2015年7月，华夏幸福子公司九通投资将其合法持有应收账款人民币15亿元的应收账款收益权转让给汇添富资本。协议规定，在转让期满12个月后，九通投资应向汇添富资本回购目标应收账款收益权。表面上看，这次转让的是应收账款收益权；实际上，九通投资是将应收账款收益权抵押了出去。这些应收账款中，大多是地方政府应该支付给华夏幸福招商落地投资额45%的产业发展服务费用，约定是最多5年支付，但实际偿还时间甚至能否偿还还都是未知数。这种前景完全不明朗的应收账款，换来15亿的现金，华夏幸福可以说是大赚了一笔。

不过，这种方式虽然大赚，华夏幸福却很少采用。毕竟，华夏幸福的这种应收账款很多，金融机构对这些应收账款的潜在威胁也十分担心。虽然收益很大，但风险太高，因此还是要尽量减少。

八、资产支持证券（ABS）

2014年11月11日资产证券化备案制新规出台。第二年，交易所资产支持证券发行规模便开始明显加速增长。华夏幸福敏锐地察觉到，投资机构对资产支持证券需求旺盛。

2015年11月，上海富诚海富通资产管理有限公司，打算以专项计划募集资金，购买幸福物业所享有的物业费债权及其他权利，以基于物业费债权及其他权利所获得的收益作为支付资产支持证券持有人本金及收益资金来源。这项计划，将会在上海证交所挂牌上市。上市后，华夏幸福将会把融到的资金用于补充企业的流动资金。

九、战略引资

战略引资不同于简单的融资，投资方不仅要参与经营管理，还要根据所持股比例享受经营收益。2013年10月，华夏幸福旗下的子公司九通投资，得到了资产管理公司天方资产的30亿元投资。注资后，天方资产持有其45%股权。天方资产进入后，不仅参与经营管理，也享受九通投资的经营收益。华夏幸福为了实现快速扩张，多次利用这种让渡股权和收益的战略引资。

十、委托贷款

在本节的开始，我们就提到了华夏幸福负债率较高，难以直接从银行贷款的问题。但是，如果让某个中间方参与进来，贷款就会比较容易。

举个简单的例子。第一种，甲向乙借钱，乙就可以委托银行放贷给甲，银行收取中间业务费和账户管理费，乙则从中赚取高于银行的利息。第二种，甲乙双方委托银行成为中介人，银行收取中间费用，乙拿到协定利息，甲拿到贷款。不过，由于这种方式往往应用在助推楼市泡沫等高风险投资中，自身风险很大，因此受到银监会等主管部门的严格控制。华夏幸福在 2014 年后，由于资金需求量迅速增加，也开始多次使用委托贷款。2018 年初，银监会发布了《商业银行委托管理办法》，完善了委托贷款的相关规定，使委托贷款业务能够更健康地发展。

十一、银团贷款

银团贷款，就是指多家银行和非银行金融机构联合向同一个贷款人提供贷款的融资方式。一家或多家银行牵头，银团共同商定贷款期限和条件，向同一借款人提供贷款融资。这样的融资方式，意味着银行对企业的还款能力有较强的信心。

这种融资方式在国外较为常见，而华夏幸福则是国内地产商中这一融资方式的第一批使用者。华夏幸福在 2014 年 10 月，其间接控股子公司三浦威特从固安县农信社、廊坊城郊农信社、永清县农信社、大城县农信社及三河市农信社组成的社团贷款人贷款 1 亿元。

十二、股票质押与对外担保

股票质押和对外担保，虽然都不是华夏幸福的融资行为，但是股票质押是华夏幸福的控股股东华夏控股的行为，对外担保是华夏系公司之间为了融资而进行的担保行为。这些融资与华夏幸福有着千丝万缕的关系，因此也把它们并入华夏幸福的融资术之列。

在华夏幸福系公司的很多融资中，华夏控股以及实际控制人王文学都附有连带担保责任，再加上华夏控股自身的产业和投融资也需要大量的质押融资和各类担保。用来担保的担保物，自然就是华夏控股与王文学手中持有的华夏幸福股票了。

在融资高峰时期，如 2015 年 1 月，华夏控股将持有华夏幸福股票中的 88% 都质押了出去，当时也正是处于华夏幸福股票的高峰期，在 5 月份之前的整个大牛市中，华夏控股的股票质押比率一直处于 80% 以上。这种方式中，股价越高，就应该用更多的股票套取资金；如果股价降低，质押的规模也要减小。2016 年 3 月，华夏幸福的股价处于低谷期，华夏控股也随之减少了股票质押的规模，持有华夏幸福股票的质押比例减至 40%。

华夏幸福的融资操作可以说是五花八门，不仅上市的大企业可以借鉴，初创的中小企业也能从中吸取很多宝贵的经验。

第二节　百合网：3 年亏损 1.25 亿，靠融资转危为安

诞生于 2005 年的百合网，是国内第一家专注于服务单身人群的婚恋交友网站。百合网目前注册用户已经突破 1 亿大关，成为国内婚恋交友市场的领头羊。在婚恋服务外，百合网还涉及婚礼、金融、房产等方面的业务，全力打造婚恋全产业链。

公司业务主要分为线上业务、线下业务和商务合作三部分。信息服务业务是百合网的主要业务，以提供线上线下婚恋交友服务为核心。

一、融资前的百合网

2016 年，百合网披露了 2015 年的年报。年报披露，在过去的一年中，公司实现营业收入 1.85 亿元，同比下滑 37.96%；实现归属于挂牌公司股东的净利润为 –5423.52 万元，同比下滑 46.42%。

对于业绩下滑的原因，百合网认为是实行线上沟通业务免费模式所导致的。2015 年 5 月 22 日，公司宣布开始实行线上沟通业务免费的模式。该决定有助于公司吸引注册用户并提高用户活跃度，从而提升用户价值。但是，由于沟通类收费占据以往线上收入的 40% ~ 50% 左右，因此，该项业务决定导致公司线上收入大幅下降，从而影响公司整体营收。

不过，百合网在 2013 年、2014 年也是连续亏损，而年报中也预测 2016 年的业绩仍然不会乐观："在可预见的未来一段时间内公司仍将面临持续亏损的风险。"

直到 2017 年上半年，百合网才首次实现了大幅盈利。2017 年 8 月 25 日收盘后，百合网发布了 2017 年半年报，数据显示，2017 年上半年公司税后净利润 8911.75 万元，与 2016 年同期净亏损 6356.22 万元相比增加 15267.97 万元，同比增长了 240.2%。

除首次实现盈利外，百合网的这份半年报还显示，在 2017 年上半年，百合网仅用半年时间就获得了 1.8 亿元的营业收入，与 2016 年基本相当；如果与 2016 年上半年相比，营业收入则增加了 1.04 亿元，同比增长 137.22%。

半年报也显示，百合网婚恋交友线上业务实现了井喷。在 2017 年上半年，百合网婚恋交友线上业务的收入比去年同期增加了 6108.89 万元，同比增长了 318.11%，占营业收入增长额的一半以上。曾经被认为是拖累整个企业盈利能力的业务，已然成为百合网业绩增长的主力军。这标志着，百合网已经成功步入了持续稳定的盈利期。

二、巨额融资为企业发展提供了强大的资本后盾

为何百合网能在数年亏损后，在短短半年间实现扭亏为盈？除了公司管理层正确的决策和布局，巨额融资提供的资本保障也是重要因素。

百合网之所以选择上市，就是希望能借助资本的力量实现企业的快速扩张。公司在挂牌新三板前后两次融资共募集资金达25.06亿元。截至2015年底，公司账上货币资金高达10.35亿元。

2015年，百合网股份有限公司的前身北京百合在线科技有限公司拆除原有红筹架构，正式回归国内资本市场，并于2015年4月29日成功完成国内首轮融资人民币14.83亿元。同年11月20日，公司公告了挂牌后首次股票发行方案，拟通过定向增发募集资金不超过人民币10.23亿元。通过这两次融资，百合网共募集资金25.06亿元。当年，公司的经营活动现金流量净额为−13202.25万元。

像百合网这样，在融资上市后拓展新业务领域过程中有较多重大的投资性支出的互联网企业很多。如果公司不能及时通过融资渠道获得资金，公司资金流动性可能会出现问题，进而影响公司正常的发展。

在婚恋交友领域，众多网站提供的婚恋交友服务在服务形式上区别不大，导致同质化竞争现象严重，竞争激烈，行业整合度较低。

公司经过2016年两轮合计19亿元的定增后，现金充裕，可以用于战略布局。这两轮融资让公司的资产情况得以改善，截至2016年12月31日，公司资产总计是26.38亿元，较上年同期增长42.44%，同时其负债也同比下滑

了 89.8 个百分点至 1.15 亿元，负债率从上年末的 60.94% 降到了 4.36%。

此后，百合网又引入了新一轮的投资者——华新能源。截至 2016 年 12 月 31 日，华新能源直接持百合网 2.31 亿股，占股比为 18.4%。同时，宝新能源旗下广东宝新资产持股为 2.93%。

巨额融资、A 股企业背书，为百合网在未来的竞争中提供了更强大的资本后盾。未来，百合网将力争实现“全面布局下一个十年的跨越式发展，打造婚恋全产业链，布局婚恋生态圈，推动和保持百合网在婚恋行业的领跑者地位”的目标。

第三节　今日头条：融资快跑，能否突破 BAT 重围

作为行业独角兽企业，今日头条的融资传闻从未间断。2017 年底，媒体就曾爆出今日头条被资本估值 300 亿美元；2018 年 3 月，媒体更是爆料今日头条正在进行新一轮融资，估值超 500 亿美元。今日头条虽然发展势头迅猛，但也面临着不少问题，如果新一轮融资能顺利完成，今日头条将会拥有强有力的支撑，扩张计划也能顺利推进。

一、面临“成长的烦恼”

今日头条的出现，应该算是中国移动互联网发展史上一个“不被人注意的意外”。从 2012 年 8 月今日头条发布第一版产品开始算起，在 5 年的时间内，今日头条的日均用户已经达到了 1.2 亿，而今日头条和旗下的西瓜视频的日均视频播放量也达到了 30 亿次，相比于 2016 年足足增长了 170%。

今日头条取得的成绩，让BAT以及众多投资人都觉得“看走眼”。腾讯的一位内容战略经理曾表示，公司不仅低估了今日头条吸引用户的能力，而且从开始就没认真对待过今日头条这个强劲的对手。另外，在北京耶鲁中心分享会上，沈南鹏也表示对红杉错过今日头条A轮感到懊悔，而投了却在B轮被忽悠出来的周鸿祎则感到了“撕心的痛”。

不过，在今日头条风光成长的背后，则充斥着外界对其内容低俗、侵权等问题的种种质疑。创始人张一鸣曾表示，公司在改善内容质量方面，从技术和人力上都做了很大的努力，但很显然这需要一个过程。张一鸣还坦言，从2016年开始，他开始更多地思考公司的责任。张一鸣曾说过：“如果往碗中放东西水很容易溢出来，但是在湖中放一块石头则没反应，放一块非常大的石头可能也会溢出水来，所以要考虑你和湖的关系，局部和整体的关系。简言之，公司体量越大，公众性越强，越要承担更多的责任。”

此外，今日头条也不得不面对人工智能带来的冲击和挑战。作为一家最早将人工智能技术大规模应用于信息分发的公司，张一鸣在AI峰会上曾表示：“希望今日头条可以将人工智能更好地服务于信息的创作与交流，同时希望今日头条成为一家更负责任的高科技公司。”与此同时，今日头条还宣布成立技术战略委员会，应对人工智能技术发展带来的挑战。

二、抢BAT的生意

有人曾表示，今日头条的布局思路显示出，其可能不仅要在内容分发方面，还要在搜索推广、电商推广、游戏推广等BAT三巨头赖以生存的方面都参与市场竞争。

不过，今日头条的对手毕竟是数家已经“久经沙场”的互联网巨头，而微博、快手、知乎等平台也在各自的领地开疆扩土。面对众多对手的围追堵截，今日头条的突围之路，注定困难重重。

在今日头条的 App 中，搜索框就放在最上方；下面的信息中，不仅有图文资讯，还有短视频、头条问答、许多经过认证的头条号（其中不乏周鸿祎、刘强东等互联网“大咖”）和各类广告。

百度的营收，主要靠搜索推广，客户则是全国的中小企业。这些企业在百度进行推广，目的往往不是品牌宣传，而是为了获取流量。目前，今日头条已经将推广业务的目标放在了这些中小企业上。毕竟，百度的价格相对今日头条要高很多。而腾讯的主要收入来自游戏和广告收入，今日头条上也有很多游戏广告。今日头条的“野心”，绝不仅限于内容分发；从前 BAT 赚钱的业务，今日头条都想参与竞争。

而其他的一些内容也反映了今日头条与其他平台的竞争，如类似于知乎的头条问答，类似于微博的头条号。文章评论、关注与回答等内容都需要用户登录账号，这样今日头条就可将用户留在平台上。

不过，互联网企业在扩张期，难免会面临利润较低、投资扩展支出较大的困境。竞争对手的反攻，更需要今日头条保持较大的开支以应对这些反攻。

李彦宏在内部信中明确表示：“百度从本质上来讲，最核心的东西还是在做内容的分发。”这被业内解读为：“百度正式向今日头条宣战。”在产品和业务方面，百度和今日头条被认为在信息流和搜索之间相互渗透。从2016年开始，百度发力内容，推出百度百家号，并称将累计向内容生产者分成百亿元。

2017年3月31日，阿里巴巴文化娱乐集团宣布土豆全面转型为短视频平台，并将推出超过20亿元现金扶持短视频的内容创作。

2015年，腾讯推出天天快报，矛头直指今日头条。2016年，启动“芒种计划”，给予内容创作者2亿元的补贴。2017年，升级版“芒种计划”再次投入12亿元扶持内容创作者。

面对三巨头的反攻，今日头条不得不跟进。在2016年9月的头条号创作者大会上，张一鸣表示2017年将拿出10亿元补贴短视频创作者，宣布正式加入短视频领域的竞争。

此外，今日头条还要在海外市场开展一系列收购和自营项目，这也让企业的资金压力进一步增大。

三、融资成为突围的关键支撑

2016年，今日头条虽然营收还不错，但其面临的竞争压力也与日俱增，要想进一步布局内容、渠道和海外市场，可能还需要靠融资来缓解资金压力。

在移动互联网开发的早期时代，中国互联网竞争主要围绕着流量展开，而智能手机的普及让这一竞争更加激烈。在智能手机用户的增长趋于停滞后，仅剩的一块流量洼地，可能就是移动用户多出来的大量碎片化时间，而信息流正好能够满足这部分需求。业界专业人士认为，这正是中国互联网公司纷纷“今日头条化”的根源——它们既需要这部分流量，更担心基于这些流量形成新的用户入口，蚕食甚至危及其既有入口地位。

BAT 已经形成了一个庞大的生态，而今日头条目前还只是一个应用。BAT 一旦认识到信息流的战略价值，一定会全力以赴，而且不会在乎短期的回报。这可能让今日头条陷入一个被动的地位，比如不得不提高其内容成本，降低其广告客户的议价权等。

在定位上，今日头条是一款基于数据挖掘的推荐引擎产品，在迅速崛起的同时，其面临的问题也饱受争议，比如没有独立观点、浅度快餐模式、提供低俗内容等。如果今日头条不改变自己“帮助用户消耗时间，而不是帮助用户获取信息”的定位，未来今日头条必将会承受更大的压力。

在技术上，今日头条和百度比起来，在信息智能匹配上并不占据优势。在未来，商业变现的效率越来越关键，今日头条的变现效率够高，才有更多的资金支持内容生态，提高内容生态的黏度。否则，面临其他公司的竞争，今日头条可能不得不更依赖外部资本输血。

在 2018 年 3 月爆料今日头条估值超过 500 亿美元之前，2017 年 12 月就有知情人士消息称，今日头条当时正在寻求的新一轮融资，估值已经高达 300 亿美元，甚至更多。对这类传言，今日头条往往是三缄其口。不过，在之前的融资中，今日头条的估值已经达到了 200 亿美元，这说明今日头条估值已经上涨了 100 亿美元。

未来，今日头条的发展道路依旧坎坷。张一鸣曾经要求今日头条要“不让价值观先行”，而这种思想某种程度上也为今日头条带来了低俗暴力内容泛滥的弊端，这使得张一鸣不得不放弃自己的看法：“今日头条需要承担更多的责任，只有这样才能获得社会更多的信任，才能更好地开展业务。”不过，从 2018 年 4 月被勒令整改一事来看，张一鸣与今日头条仍然是“任重而道远”。

第四节　Airbnb：从十四张幻灯片开始构建帝国

2017 年 3 月，Airbnb 再次获得了 4.5 亿美元融资，这让他们 F 轮的融资超过了 10 亿美元，估值更是达到了 310 亿美元。在多轮融资后，Airbnb 已经获得了共 44 亿美元的融资；而作为共享经济的代表，他们也在 2016 年实现了盈利（与其形成鲜明对比的是 2016 年巨亏 30 亿美元的 Uber）。如今，Airbnb 的租客已经遍布了 191 个国家的 81000 多个城市，无论是普通民居还是古代城堡，都有 Airbnb 的足迹。

Airbnb 为何能获得如此高的估值？在共享经济的大潮中，Airbnb 为何能率先实现盈利？这要从一个“不靠谱”的想法说起。

一、3 张床垫与一个“不靠谱”的想法

布莱恩·切斯基和乔·杰比亚是美国一所设计学院的校友，学的是工业

设计专业。在大学毕业后，二人工作了两年，便双双辞职，准备自己开创一番事业。但是，该做些什么呢？那时，他们都刚满 25 岁，连旧金山的房租都付不起，只能合租一间房子。

刚到旧金山第一个周末，恰逢美国工业设计师协会在这座城市召开会议，布莱恩·切斯基自然格外关注，上网浏览大会网站。在看到一则酒店客满的消息后，他忽然说："嗨，如果我们能给前来参加大会的设计师们提供床位住宿，并能提供一顿早餐就好了，这样，我们只需把设计师们安顿下来，就能赚到钱。"

乔·杰比亚也觉得这个主意不错。但是，他们狭小的房间内连空床位都没有，只有 3 张充气式床垫。大胆的切斯基便立刻决定：搭建网站，把出租床垫的消息发布出去。结果，很快就有三人前来入住。

这次出租，让他们产生了一个理念："让闲置的东西被利用，就会产生价值。"2008 年，在这一理念的指导下，他们联合内森·布莱卡斯亚克，经过半年的努力，创建了一个点对点式向旅游者提供房屋的在线租赁网站，名为"Airbnb.com"。Airbnb 是"Air Bed and Breakfast"的缩写，中文译名为"空中食宿"。但在寻求融资的过程中，他们却碰了壁。为什么？因为所有的投资人都觉得他们的想法"不靠谱"。

Airbnb 有着十分清晰的业务模式：有空房子的人在网站上发布自家的空房信息，让那些不想找酒店住的租客上网查找合适的食宿，进行在线付费和实地入住交易。但是，投资人却认为，世界上没有人在旅行时会去租住别人的房间，更没有人愿意把空房间租给别人。这样一个"不靠谱"的想法，是不可能赚到钱的。

不过，世间总是有愿意“第一个吃螃蟹”的人。Airbnb 很快便在网络上一炮走红，不仅可以寻找普通的食宿，还可以寻找城堡、树屋等平时难得一见的奇特房间。即便在 2008 年经济衰退时，Airbnb 仍然茁壮成长，拥有更多房屋和租客，并在每次交易中都能抽取双方各 10% 的费用，很快实现盈利。

二、5 封拒绝信和 14 页的商业计划书

时间回到 2008 年。当时，切斯基被一位朋友引荐给了 7 家硅谷顶级风投。当时，切斯基的想法是先争取 15 万美元的融资，而网站的估值也不过只有 150 万美元。

不过，迎接切斯基的，却是风投们的冷遇。5 家风投表示了拒绝，剩下两家甚至连拒绝的兴趣都没有——他们根本就没回复。

第一家很礼貌地表示 Airbnb 不适合他们；第二家则指出 Airbnb 的潜在市场规模不够大；第三家比较友好，认为自己对这一领域不熟悉，等 Airbnb 拿到 A 轮融资后再决定是否跟投；第四家认为房租上涨后 Airbnb 会遇到困难；第五家则直言自己在旅游类的投资都不成功。

但是，切斯基等三人并没有因此而气馁。他们用自己的资金，将 Airbnb 做得越来越大，而且还实现了盈利——这在烧钱成风的互联网行业中可是不多见的。

很快，他们又得到了与红杉资本和著名孵化器 Y Combinator 联系的机会。在经过精心准备后，他们带着商业计划书上路了。

相比于其他的商业计划书，Airbnb 的商业计划书可以称得上是“寒酸”了，只有 14 页。但之所以说他们“精心准备”，就是因为他们能用短短的 14 页将所有关键信息提炼出来。

第一页，单刀直入地描述 Airbnb 的作用——除了酒店，还能预订房间和早餐。

第二页，用短短三行字解释了当前市场的需求：价格、酒店脱离了城市文化、追求方式简便。

第三页，针对需求给出 Airbnb 的解决办法：让房客、房东省钱，让用户体验文化。

第四页，展示 Airbnb 目前的关键数字：用户数量。

第五页，展示对目前市场规模的预估（目前来看，当时的预估数值显然太少了）。

第六页，目前 Airbnb 的产品展示——只需三步即可订房。

第七页，目前 Airbnb 的盈利模式。

第八页，目前 Airbnb 的推广模式。

第九页，目前竞争对手的经营方式，按价格排列。

第十页，展示 Airbnb 的六大竞争优势。

第十一页，展示三位创始人。

第十二页，展示目前 Airbnb 收到的好评。

第十三页，用户的称赞。

第十四页，Airbnb 的融资需求——50 万美元。

在展示完毕后，Y Combinator 的创始人保罗·格雷厄姆决定投入 2 万美元启动资金，并由红杉资本投资 50 万美元作为天使轮融资。14 页简单明了的商业计划书，带来的是雪中送炭的 50 万美元。

此后，Airbnb 开始了爆发式的增长。到 2011 年 6 月，Airbnb 总交易量达 200 万，但这个数字在 2012 年 1 月就达到了 500 万，2012 年 6 月就突破 1000 万了。据推测，2012 年，Airbnb 的年营收已经达到了 2.4 亿美元；在 2012 年 10 月的 C 轮融资中，Airbnb 的总市值被评定为 20 亿 ~30 亿美元。

三、流浪的创始人和无限可能的未来

有的人认为，Airbnb 就是传统的“一个点子 + 创建网站”的模式，能够成功只是站在了共享经济的风口。但是，切斯基在回忆创业的艰难时却说：“的确看起来不靠谱，但我们毫无办法，因为那时的我们太缺钱了！‘缺钱’让我们的决心变得更加坚定，不敢轻易偏离理念，一直坚持下来，并且做到最好。在你没有钱时，你就不会有什么‘五大战略’，你必须专注在一个战略上，你必须创建租客真正想要的东西。”

在 Airbnb 创立之初，由于没钱租大办公室，设备只能堆放在临时租住的一处公寓中，而无处落脚的切斯基便拎着一个行李箱四处“流浪”，一边用 Airbnb 为自己寻找住所，一边思考网站应该如何改进。有一年，切斯基甚至连续九个月都要通过 Airbnb 定各种房间。对此，他的解释是：“你可以认为我是一个流浪汉，也可以认为我在旧金山有 650 个家。”时年 27 岁的他，因此被冠以“流浪的 CEO”“首席流浪官”和“史上最牛流浪客”等称谓。

如今，Airbnb 已经完成了累计达 44 亿美元的融资，估值也达到了 310 亿美元。与 2016 年巨亏 30 亿美元的 Uber 不同，Airbnb 的盈利能力很好，在 2016 年，Airbnb 的营收增长了 80% 以上。而这，也是 Airbnb 虽然处于不断扩张，却坚持不上市的理由。Airbnb 可以用自有资金，就进行多笔有助于扩展公司业务的收购。

可以预见，在融资和盈利加码下，Airbnb 的扩张步伐会进一步加快。目前，这家全球最大的房屋租赁服务公司的业务已经覆盖 191 个国家 81000 座城市。

康乐多幼儿园园长、威希科美高科技美容体验馆盘锦发起人、康乐多卓越父母家长学校校长　杨文霞

中信建投证券股份有限公司北京虎坊路证券营业部经理　刘洁华

吉林省恩祺商贸有限公司总经理　张凯祺

中国小飞机俱乐部　陈思宇

北京林楠投资有限公司投融部经理　涂祖胜

牛氏九易公司文艺部长　耿丞焨琳

北京易宏置地房地产经纪有限公司　向　来

北京华融盛贸国际科技有限公司创始股东 CEO　郝　月

姆米又国际控股集团联合创始人、北京盛仁蓬勃公共关系有限公司总经理、企业绩效管理高级培训师、多家美妆企业联席顾问、国际美博会特邀嘉宾、彩妆代言人　桓慧芳

中国古诗词文化传承者、创新者，中国书画艺术爱好者、资深经纪人，古根博格家族核心成员，北京古根王酒业有限公司股东　明易桉槺

人类少食健康工程"发起人""123 生命工程"俱乐部创始人，北京大管家健康科技发展有限公司创办人　盛紫玟

金融理财师、家庭教育指导师、国家二级心理咨询师、皮纹分析咨询师、北京鼎硕炜业投资管理有限公司高级投资理财顾问、北京天下安道教育科技有限公司副总经理　钟永恒

北京福玺缘珠宝文化发展有限公司　伍兴隆

北京喜帮科技总经理　刘泊霆

幸福女人健康咨询管理有限公司　王海樾

北京杨格智控科技有限公司　关清礼

灵触疗愈师　张智莉

北京世纪飞扬教育咨询中心有限公司　胡海艳

北京助众传媒文化发展有限公司　柯建梅，字钰均

北京星星世家商贸有限公司　陈红炜